"十四五"时期国家重点出版物出版专项规划项目

儿童青少年营养健康科普丛书
关注心理　阳光成长

"十四五"时期国家重点出版物出版专项规划项目

儿童青少年营养健康科普丛书
关注心理　阳光成长

中国学生营养与健康促进会　编写

丛书主编　陈永祥
分册主编　钱秋谨

北京大学医学出版社

GUANZHU XINLI YANGGUANG CHENGZHANG

图书在版编目（CIP）数据

关注心理　阳光成长 / 钱秋谨主编 . —北京：北京大学医学出版社，2023.8
（儿童青少年营养健康科普丛书 / 陈永祥主编）
ISBN 978-7-5659-2915-1

Ⅰ.①关… Ⅱ.①钱… Ⅲ.①心理健康－健康教育－儿童读物　②心理健康－健康教育－青少年读物　Ⅳ.① G444-49

中国国家版本馆 CIP 数据核字（2023）第 100299 号

关注心理　阳光成长

丛书主编：陈永祥
分册主编：钱秋谨
出版发行：北京大学医学出版社
地　　址：（100191）北京市海淀区学院路 38 号　北京大学医学部院内
电　　话：发行部 010-82802230；图书邮购 010-82802495
网　　址：http://www.pumpress.com.cn
E-mail：booksale@bjmu.edu.cn
印　　刷：北京信彩瑞禾印刷厂
经　　销：新华书店
策划编辑：陈　奋
责任编辑：袁朝阳　何渼波　　责任校对：靳新强　　责任印制：李　啸
开　　本：880 mm×1230 mm　1/32　　印张：8.5　　字数：210 千字
版　　次：2023 年 8 月第 1 版　2023 年 8 月第 1 次印刷
书　　号：ISBN 978-7-5659-2915-1
定　　价：52.00 元

版权所有，违者必究
（凡属质量问题请与本社发行部联系退换）

丛书编审委员会

主任委员　陈永祥

委　　员　（以姓名汉语拼音为序）
　　　　　　蔡秀军　陈巧燕　窦志勇　洪　平　李　宁
　　　　　　廖文科　刘爱玲　刘凤科　刘永胜　马　军
　　　　　　马迎华　孟文瑞　钱秋谨　史　龙　宋　逸
　　　　　　王小宏　徐　娇　杨　芸　张　倩

秘　　书　杨　博　代　港　付　佳

编者名单

丛书主编 陈永祥 中国学生营养与健康促进会
分册主编 钱秋谨 北京大学第六医院
分册副主编（以姓名汉语拼音为序）
　　　　　计岳龙　北京大学
　　　　　刘　璐　北京大学第六医院
　　　　　宋晓兰　浙江师范大学
　　　　　张劲松　上海交通大学医学院附属新华医院
　　　　　周新林　北京师范大学
编　　委（以姓名汉语拼音为序）
　　　　　陈　策　西安交通大学第一附属医院
　　　　　程　嘉　北京大学第六医院
　　　　　程文红　上海交通大学医学院附属精神卫生中心（上海市精神卫生中心）
　　　　　崔永华　北京儿童医院
　　　　　方　圆　同济大学附属东方医院
　　　　　高丹琪　北京师范大学
　　　　　洪海恒　北京大学第六医院
　　　　　计岳龙　北京大学
　　　　　孔庆梅　北京大学第六医院
　　　　　李　君　北京师范大学
　　　　　李　雪　北京大学第六医院
　　　　　廖金敏　北京大学第六医院

编者名单

林　红	北京大学第六医院
刘　丽	北京师范大学
刘　璐	北京大学第六医院
刘雪滢	北京大学第六医院
卢　瑾	昆明医科大学附属第一医院
罗晨宇莉	深圳康宁医院
牛雅娟	北京回龙观医院
潘美蓉	北京大学第六医院
钱秋谨	北京大学第六医院
宋晓兰	浙江师范大学
王建平	北京师范大学
王　璐	同济大学附属东方医院
王文辰	北京大学第六医院
夏志超	北京师范大学
薛依荷	美国罗切斯特大学（University of Rochester）
闫　俊	北京大学第六医院
杨甫德	北京回龙观医院
殷炜珍	广州医科大学附属脑科医院
余　萌	中山大学
岳鑫鑫	北京大学第六医院
张劲松	上海交通大学医学院附属新华医院
张　丽	重庆医科大学附属第一医院
周建松	中南大学湘雅二医院
周新林	北京师范大学
周新雨	重庆医科大学附属第一医院

丛书序

少年强则国强。儿童青少年的身心健康不仅关系着一个家庭的幸福和美，更是国家富强、民族振兴的重要标志；不仅是每一位家长的殷切期盼，更是全国各族人民的共同愿望！

2016年，《"健康中国2030"规划纲要》指出，要以"健康优先"为原则，"把健康摆在优先发展的战略地位"。2019年，《健康中国行动（2019—2030年）》将健康知识普及、合理膳食、全面健身、心理健康等列为"重大行动"。2021年6月，国家卫生健康委员会、教育部等四部门联合印发《营养与健康学校建设指南》，提出要建立健全健康教育制度，将食品安全、合理膳食、科学运动、心理健康等纳入健康教育教学内容。同年9月，教育部等五部门联合印发《关于全面加强和改进新时代学校卫生与健康教育工作的意见》，再次强调"坚持健康第一"的基本原则，提出了"养成健康行为习惯""保障食品营养健康""增加体育锻炼时间""强化心理健康教育"等具体任务。

中国学生营养与健康促进会于1989年成立，是从事学生营养与健康事业的全国性、专业性、非营利性的国家一级社团组织，以促进中国学生营养与健康为使命，积极倡导和营造全方位的学生营养与健康氛围，承担着组织"5·20"中国学生营养日活动、编写《中国儿童青少年营养与健康指导指南》、普及推广"营养与健康示范学校"建设等宣传教育及学术交流活动。

丛书序

《儿童青少年营养健康科普丛书》是由中国学生营养与健康促进会编写的面向广大儿童青少年及其父母、老师的健康教育读物，目的是帮助儿童青少年培养健康生活方式，养成合理膳食、科学锻炼、健康作息的习惯，保持心理健康，快乐成长，从而为全民健康奠定基础。

丛书共五册，涵盖了健康生活方式、肥胖预防、科学运动、合理膳食、心理健康五个领域，不同分册各有侧重、相互呼应。《培养健康生活方式》分册从健康生活方式着手，旨在帮助儿童青少年养成健康生活习惯；《拒绝肥胖 轻松成长》分册从提供科学、有效和实用的肥胖防控相关知识着手，旨在帮助家长科学养育；《科学运动 强健体质》分册从青少年生长发育关键时期的运动需求以及营养需求着手，旨在指导儿童青少年享受运动、坚持锻炼；《合理营养 健康成长》分册从科学的营养健康知识和技能着手，旨在帮助家长为儿童青少年搭配营养充足、均衡且适宜的食物，促进长期健康；《关注心理 阳光成长》分册从儿童青少年常见的发育、情绪、行为障碍等方面入手，帮助家长做好必要的预防、发现、干预和治疗工作。

在此，对所有关心儿童青少年健康并为本丛书付出劳动、倾注心血的专家深表感谢，希望本丛书为儿童青少年的健康、快乐成长带来有效、便捷的帮助，也衷心祝愿每一个家庭安康美满、我们的国家昌明繁盛！由于时间和水平所限，本丛书难免有不足之处，敬请读者批评指正！

中国学生营养与健康促进会 会长
2023 年 1 月

前 言

在科技与物质文明快速发展的时代，每个人都面临着前所未有的挑战。《中国国民心理健康发展报告（2019—2020）》显示，我国儿童青少年的心理健康状况不容乐观，2020年青少年抑郁问题的检出率为24.6%。与此同时，家长在养育子女的过程中承受着巨大的压力，教育焦虑居高不下，家长遇到了许多看似无解的问题，与亲子关系和家庭关系有关的青少年心理健康问题层出不穷，与养育子女有关的压力也成为成年人一生当中遇到的巨大挑战之一。

儿童青少年时期的心理健康问题不仅影响其认知能力、情绪状态、学习动机和未来发展，还会影响其躯体健康的发展。此外，大约四分之一的儿童青少年期心理健康问题还会持续到成年期而增加成年后疾病的发生风险，会对个人、家庭和社会造成极大的经济负担，并且社会影响巨大。因此，预防和早期发现儿童青少年心理健康问题是每个家长和心理健康领域工作人员的重要责任。

2023年4月，教育部等十七部门印发了《全面加强和改进新时代学生心理健康工作专项行动计划（2023—2025年）》，强调"全方位开展心理健康教育""引导家长关注孩子心理健康，树立科学养育观念，尊重孩子心理发展规律"。

多种因素影响了儿童青少年心理健康问题的发生发展。如何识别相关问题，心理健康问题的成因是什么，家长如何在儿童青少年成长过程中起到至关重要的作用，家长如何解决家庭

前言

教育中的冲突和各种难题，有哪些常见的心理健康促进和治疗方法……围绕上述问题，中国学生营养与健康促进会心理健康分会组织相关领域的专家编写了本书。本书使用形象的事例从多角度还原了这些问题的本质，并使用通俗易懂的语言为家长们进行了科学的解读，有助于家长们积极应对相关问题，提升心理品质，并有助于促进家庭和谐，守护儿童青少年的健康成长。

编　者

目 录

第一篇 脑发育及神经发育障碍

第1章 营养代谢与脑及神经心理发育 / 3
第一节 营养代谢与脑及神经心理发育的关系 / 3
第二节 宏量营养素对神经心理发育的影响 / 4
第三节 微量营养素对神经心理发育的影响 / 8

第2章 孤独症谱系障碍 / 12
第一节 孤独症谱系障碍的概述 / 12
第二节 孤独症谱系障碍的病因 / 16
第三节 孤独症谱系障碍的康复教育 / 17

第3章 注意缺陷多动障碍 / 21
第一节 注意缺陷多动障碍的概述 / 21
第二节 注意缺陷多动障碍的病因 / 25
第三节 正确应对注意缺陷多动障碍 / 28

第4章 阅读障碍 / 33
第一节 阅读障碍的概述 / 33
第二节 阅读障碍的病因及影响因素 / 38
第三节 阅读障碍的早期识别和干预 / 41

第 5 章 发展性计算障碍 / 45

第一节 发展性计算障碍的概述 / 45
第二节 发展性计算障碍的脑机制 / 46
第三节 发展性计算障碍的干预 / 48

第 6 章 书写障碍 / 52

第一节 书写障碍的概述 / 52
第二节 书写障碍的病因 / 56
第三节 正确应对书写障碍 / 57

第 7 章 发育性协调障碍 / 62

第一节 发育性协调障碍的概述 / 62
第二节 发育性协调障碍的病因 / 64
第三节 发育性协调障碍的诊断和治疗 / 65

第 8 章 抽动障碍 / 70

第一节 抽动障碍的概述 / 70
第二节 抽动障碍的病因 / 73
第三节 正确应对抽动障碍 / 74

第二篇 情绪问题

第 9 章 抑郁障碍 / 81

第一节 抑郁障碍的概述 / 81
第二节 抑郁障碍的病因 / 87
第三节 正确应对抑郁障碍 / 88

第 10 章　焦虑障碍 / 93

　　第一节　焦虑障碍的概述 / 93
　　第二节　焦虑障碍的病因 / 96
　　第三节　正确应对焦虑障碍 / 97

第 11 章　强迫障碍 / 102

　　第一节　强迫障碍的概述 / 102
　　第二节　强迫障碍的病因 / 106
　　第三节　正确应对强迫障碍 / 108

第 12 章　创伤及应激相关障碍 / 114

　　第一节　创伤及应激相关障碍的概述 / 114
　　第二节　创伤及应激相关障碍的表现和影响 / 116
　　第三节　正确应对创伤及应激相关障碍 / 119

第 13 章　分离障碍 / 122

　　第一节　分离障碍的概述 / 122
　　第二节　分离障碍的表现 / 124
　　第三节　正确应对分离障碍 / 128

第 14 章　数学焦虑 / 131

　　第一节　数学焦虑的概述 / 132
　　第二节　数学焦虑的脑机制 / 134
　　第三节　数学焦虑的影响因素 / 136
　　第四节　数学焦虑的干预 / 137

第三篇　进食及行为问题

第 15 章　进食障碍 / 143
第一节　进食障碍的概述 / 143
第二节　进食障碍的病因 / 146
第三节　正确应对进食障碍 / 148

第 16 章　破坏性行为障碍 / 153
第一节　破坏性行为障碍的概述 / 153
第二节　破坏性行为障碍的病因 / 156
第三节　如何应对破坏性行为障碍 / 159

第 17 章　自伤 / 162
第一节　自伤的概述 / 162
第二节　故意自伤、非自杀性自伤 / 障碍的病因 / 165
第三节　正确应对故意自伤、非自杀性自伤 / 障碍 / 166

第 18 章　游戏障碍 / 171
第一节　游戏障碍的概述 / 171
第二节　游戏障碍的病因 / 174
第三节　正确应对游戏障碍 / 176

第四篇　心理健康促进及治疗

第 19 章　正念 / 185
第一节　正念的概述 / 185
第二节　家庭教养中的正念 / 188

第 20 章　家庭治疗 / 195
第一节　家庭治疗的概述 / 195
第二节　家庭治疗师的核心任务 / 198
第三节　家庭治疗师和家庭之间的关系 / 202

第 21 章　人际关系疗法 / 205
第一节　人际关系的构成和特点 / 205
第二节　人际关系问题形成的原因 / 210
第三节　应用人际关系疗法处理人际关系问题 / 213

第 22 章　认知行为疗法 / 216
第一节　认知行为疗法的原理 / 216
第二节　情绪的命名和评估 / 218
第三节　情绪问题与应对技术 / 219
第四节　行为问题与应对技术 / 223

第 23 章　认知训练 / 227
第一节　认知发展与大脑的可塑性 / 227
第二节　认知训练的原理 / 229
第三节　巧用认知训练拓展儿童青少年的大脑空间 / 232

参考文献 / 237

第一篇

脑发育及神经发育障碍

第1章 营养代谢与脑及神经心理发育

本章将从宏量营养素及微量营养素的角度,详细介绍营养代谢对儿童脑及神经心理发育的影响。

第一节 营养代谢与脑及神经心理发育的关系

导读台

- 为什么生命早期的营养对脑及神经心理发育很重要?

知识窗

生命早期1000天是婴幼儿早期生长发育的黄金时期,大致对应母亲怀孕到儿童2岁的整个时期。在这个阶段,儿童的大脑迅速发育并接近成人结构,需要足量的营养供应。生命早期营养缺乏的发生时间、程度、种类和持续时长都会对大脑的发育产生不同程度的影响。已有大量研究发现,生命早期营养缺乏与多种神经发育障碍的发生风险存在关联。例如,海马体和前额皮质在该时期的发育速度不同,如果营养不良发生在该时期,就有可能使海马体比前额皮质受到更大的损伤。在需要海马体和前额皮质共同作用的脑回路中,二者关系的失衡会导致明显的病态行为,如精神分裂症。下文将为您从宏量及微量营养素的角度,具体介绍生命早期营养与儿童脑及神经心理发育的关系。

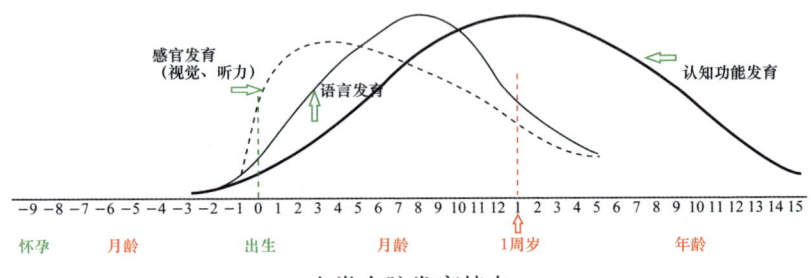

人类大脑发育特点

第二节 宏量营养素对神经心理发育的影响

导读台

- 什么是宏量营养素?
- 宏量营养素营养不良可能会导致哪些疾病?

知识窗

一、宏量营养素的分类

宏量营养素包括三类:碳水化合物、蛋白质和脂肪。宏量营养素是人体大量摄入的营养素,是我们每日饮食的基石。

(一)碳水化合物

如果将人体比作一辆车,那么碳水化合物就是这辆车的燃料。人体每天45%～65%的能量来源于碳水化合物,我们的大脑、肌肉和细胞都需要碳水化合物才能发挥作用。当人体摄入食物后,碳水化合物会迅速转化为血液的糖分,这些糖分一部分成为直接的能量来源,另一部分被转化为脂肪和糖原以备需要时使用。

链接场

第七种营养素——膳食纤维

	高膳食纤维食物
蔬菜类	深绿色(菠菜、油麦菜)、花蕾类(西兰花、蒜苗、白菜苔)
粗粮类	燕麦片(5.3%)、黑米(3.9%)、玉米(2.9%)
菌藻	银耳(30.4%)、木耳(29.9%)、紫菜(21.6%)、口蘑(17.2%)
豆类	嫩蚕豆(3.1%)、嫩豌豆(3.0%)、豆角(1.5%)
坚果	杏仁(19.2%)、核桃(9.5%)、板栗(1.7%)

膳食纤维是一种特殊的碳水化合物,和其他碳水化合物不同的是,膳食纤维无法被人体消化。中国营养学会推荐每人每天应摄入25～30克膳食纤维。

研究表明,每日摄入足量的膳食纤维有助于体内脂肪的代谢,改善消化功能,降低糖尿病和癌症的患病风险,维持健康的身体状态。

（二）蛋白质

如果把人体比作一辆车，那么蛋白质就是这辆车的骨架。蛋白质是身体主要的结构物质，是组成大脑、神经系统、血液、皮肤和毛发的基石。此外，蛋白质在人体缺少能量时也可以作为能源物质。人体每日所需能量的 10%～35% 来自蛋白质，可以从肉、蛋、奶中获取。

（三）脂肪

如果把人体比作一辆车，那么脂肪就是这辆车的油箱。在人体缺少能量的时候，脂肪就会分解，为人体供能。我们每日总能量的 20%～35% 来自脂肪。在生活中，富含脂肪的食物包括肉、乳制品、鸡蛋和坚果等。此外，烹调用的橄榄油、猪油、菜籽油、黄油等也都是优质脂肪的来源。

链接场

脂肪也分好与坏

脂肪分为饱和脂肪酸、不饱和脂肪酸和反式脂肪酸。一般来说，不饱和脂肪酸是对人体有益的"好的脂肪"，它们广泛存在于坚果、海鲜以及植物油中，适量摄入可以帮助人体调节胆固醇、血糖、血脂等的水平，有利于保护血管。

而饱和脂肪酸和反式脂肪酸则是"坏的脂肪"，若过量摄入，将不利于心血管健康。

二、宏量营养素与儿童神经心理发育的关系

（一）蛋白质和能量

患有严重急性营养不良、慢性营养不良和低出生体重的儿童往往面临大脑发育不良的问题。既往的研究发现，为孕妇和儿童青少年提供高蛋白质饮食可以提高儿童青少年的认知能力、计算能力、智商得分以及未来的薪资收入。但是目前的研究尚不清楚高蛋白质饮食的最佳的补充时机。

营养不良影响大脑发育

（二）胆固醇

胆固醇是脂肪的组成成分之一，也是儿童早期大脑发育所必需的营养物质。一项研究探索了母体胆固醇对后代神经发育的影响，发现母亲孕期胆固醇水平（特别是过低的高密度脂蛋白水平和过高的甘油三酯水平）与后代的注意缺陷多动障碍（Attention-Deficit/Hyperactivity Disorder，ADHD）风险之间存在显著关联。此外，该研究表明，男孩比女孩更容易受到母体低胆固醇水平的影响。另一项研究表明，脐带血中过低的高密度脂蛋白水平、过

高的极低密度脂蛋白水平和过高的甘油三酯水平与儿童5岁时的心理发育有密切的联系，这进一步支持了生命早期脂质水平对儿童神经心理发展的重要性。

第三节 微量营养素对神经心理发育的影响

导读台

- 什么是微量营养素？
- 微量营养素营养不良可能会导致哪些疾病？

知识窗

一、微量营养素的分类

微量营养素是指维生素和矿物质，是人体需求量较小的营养素，同时也是人体健康的基石。儿童缺乏微量营养素可能会导致一系列症状和体征，包括出生缺陷、神经系统症状等。

微量营养素包括维生素和矿物质

（一）矿物质

矿物质是组成自然界中岩石和土壤的无机材料，同时也是我们身体的组成元素之一。在现有的 100 多种已知矿物质中，至少有 25 种对我们的健康至关重要。其中 7 种被归类为宏量元素，也称为"大量矿物质"，即钙、磷、钾、镁、硫、钠和氯化物。矿物质在人体的作用有很多，从调节身体组织生长到促进骨骼发育都离不开矿物质。然而，我们的身体不能自己产生它们，必须从食物中获取。

（二）维生素

维生素是存在于自然界的必需营养素，维生素在人体内含量较少，但是在生长发育、伤口愈合、维持骨骼和组织的健康、维持免疫系统的正常功能以及其他生物功能方面发挥着重要作用。和矿物质一样，人体无法自行合成维生素，因此我们需要从食物中或者营养品中获取所需的维生素。

二、微量营养素和神经系统的关系

（一）矿物质

1. 铁　铁是血红蛋白分子的重要结构成分，血红蛋白能将氧气输送到身体的所有器官（包括大脑在内）。缺铁性贫血（Iron Deficiency Anemia，IDA）是由于缺铁导致的血红蛋白生成不足，是儿童认知障碍的危险因素。儿童早期的 IDA 与儿童智力缺陷和身体发育缓慢有关；而在学龄期，IDA 则与儿童认知水平低和学业成绩差有关。过去的研究也表明，儿童在 2 岁之前患有 IDA 会增加其在 4～19 岁患认知缺陷的风险，同时其成绩也会受到一定程度的影响。

链接场

科学补铁

母亲在怀孕前和怀孕期间应摄入足量铁,以预防早产,并应给儿童提供富含铁的食物。

富含铁的食物

2. 碘 碘是合成甲状腺激素所必需的微量元素。甲状腺激素对中枢神经系统的发育至关重要,如果孕妇严重缺碘会导致新生儿出生后甲状腺激素分泌不足,导致儿童期出现呆小症。呆小症是一种以精神发育迟滞、面部畸形、聋哑和严重发育迟缓为特征的疾病,呆小症一旦发病就无法逆转。因此,孕妇需要注意补碘以预防儿童呆小症。

3. 锌 锌是大脑中的一种微量元素,它可以通过促进 DNA 和 RNA 的合成以及三大宏量营养素的代谢来帮助大脑发育。目前的研究表明,宝宝小的时候补充锌可以提升成年后的运动能力。

(二)维生素

1. B 族维生素 叶酸是一种 B 族维生素,在儿童发育过程中发挥重要作用。由于人体自身不能合成叶酸,因此身体中的叶酸几乎完全来自于食物。目前的研究表明,从怀孕或孕前3个月开始,每日增补0.4毫克叶酸,直至妊娠满3个月,可以减少子代神经管畸形的风险。在母亲怀孕期间适度补充叶酸(每周3~5次),可以降低新生儿出生后孤独症谱系障碍(Autism Spectrum Disorder,ASD)的患病风险。值得注意的是,最新研究发现,叶酸的补充并不是越多越好,补充叶酸过量也会增加新生儿出生后孤独症谱系障碍的患病风险。

2. 维生素D 维生素D是人体内存在的一种微量营养素,人体可以通过食用海鱼、牛奶和动物肝脏补充维生素D,人体自身也可以通过晒太阳来合成维生素D。过去的研究主要集中在维生素D与体内钙代谢的关系。但是近期的研究发现,维生素D缺乏与ASD的患病风险有关。维生素D是正常大脑发育所必需的营养素,维生素D水平低可能会使大脑发育异常,从而导致发生ASD。

富含维生素D的食物

(计岳龙)

第 2 章 孤独症谱系障碍

在生活中，有的儿童青少年不知道如何与周围人交流，远离社交场合；他们对世界的感知方式、感兴趣的事物常与众不同；并且他们的语言发展缓慢，常常通过手势表达需求。同龄人无法理解他们的沟通方式和行为习惯，很多时候他们会感到孤独和被排斥。这些儿童青少年可能面临着孤独症谱系障碍的困扰。通过增加对这种障碍的认识，我们可以打破误解和偏见，帮助这些儿童青少年充分发展自己的能力，为他们创造更加包容和支持的环境。

第一节 孤独症谱系障碍的概述

导读台

- 什么是孤独症谱系障碍？
- 孤独症谱系障碍对儿童的影响？

知识窗

一、孤独症谱系障碍的定义

孤独症谱系障碍（Autism Spectrum Disorder，ASD）也称为自闭症，是一种严重的神经发育性障碍，通常起病于婴幼儿时期,以社交交流障碍、局限的兴趣及刻板与重复的行为方式为主要临床表现,严重影响儿童的社会功能,会给家庭和社会带来沉重负担。在2006年第二次全国残疾人抽样调查残疾标准中,儿童孤独症谱系障碍被纳入精神残疾范畴。

孤独症谱系障碍的患病率日益增高的原因尚不清楚。除公众意识增强、诊断水平提高外,有学者认为环境因素也发挥一定作用,对此尚需进一步研究探讨。男性更易罹患孤独症谱系障碍,2002—2016年的统计数据显示,男女整体发病率的比例基本稳定在(4.3~4.6)∶1。

链接场

孤独症谱系障碍的患病率

孤独症谱系障碍首次报道于1943年。2022年美国疾病控制和预防中心基于孤独症和发育性障碍监测网络(Autism and Developmental Disabilities Monitoring Network,ADDM)的数据显示,每44名8岁儿童中就有1名孤独症谱系障碍儿童。在我国,孤独症谱系障碍的流行病学调查尚不充分。我国第二次全国残疾人抽样调查结果显示,0~6岁精神残疾(含多重)儿童占0~6岁儿童总数的1.10‰,约为11.1万人,其中孤独症谱系障碍导致的精神残疾儿童占36.9%,约为4.1万人。从2014年7月至2016年12月,在国内多个城市针对6~12岁儿童进行的孤独症谱系障碍调查显示,孤独症谱系障碍的患病率为0.70%。目前不论国内国外,孤独症谱系障碍的患病率均呈现日益升高的趋势。

二、孤独症谱系障碍的临床表现

孤独症谱系障碍通常起病于 3 岁前，其中约 2/3 的患儿是出生后逐渐起病，约 1/3 的患儿是在经历了 1～2 年的正常发育后发生退行性起病。孤独症谱系障碍症状复杂，主要表现为以下两个方面。

（一）社交交流障碍

孤独症谱系障碍患儿在社会交往方面存在质的缺陷，他们不同程度地缺乏与人交往的兴趣，也缺乏正常的交往方式和技巧。婴儿期和儿童期的患儿表现出回避他人目光接触，对他人的呼唤及逗弄缺乏兴趣和反应，不观察和模仿他人的简单动作，缺乏与同龄儿童交往和玩耍的兴趣。他们与他人的交往方式和技巧也存在问题，他们通常不会或者很少玩想象性和角色扮演性游戏。随着年龄增长，病情虽然有一定程度改善，但他们仍然不同程度地缺乏与他人主动交往的兴趣和行为。即使部分患儿愿意与他人交往，但他们与他人的交往方式和技巧仍然也存在问题。他们常常自娱自乐，独来独往，我行我素，不理解也很难学会和遵循一般的社会规则。他们对社交情景缺乏应有的理解，对他人的兴趣、情感等缺乏适当的反应，难以理解幽默和隐喻等，较难建立友谊关系。

孤独症谱系障碍儿童在言语交流和非言语交流方面均存在障碍，其中以言语交流障碍最为突出，这通常也是患儿就诊的最主要原因。言语交流障碍表现在儿童说话常常较晚、语言简单、语言理解差、逻辑性差，有一些刻板重复言语，如反复重复一些词句或询问一个问题。患儿可能会用特殊、固定的言语形式与他人交流，并存在答非所问、语句缺乏联系、语法结构错误、人称代词分辨不清等表现，还有一些儿童可能会反复诉说同一件事或纠缠于同一话题。孤独症谱系障碍儿童用于沟通和交流的表情、动作及姿势很匮乏，语言和非语言的交流协调性差。

（二）局限的兴趣及刻板与重复的行为模式

孤独症谱系障碍儿童兴趣狭窄，感兴趣的事物常与众不同，如迷恋于看电视广告、天气预报、旋转物品、排列物品或听某段音乐、某种单调重复的声音等，或者过于专注于文字、数字、日期、时间表的推算、地图、绘画、乐器演奏等。他们坚持用同一种方式做事，拒绝日常生活规律或环境的变化。也有一些儿童表现出对瓶、盒、绳等非常规玩具的兴趣，也常会出现刻板重复、怪异的动作，如重复蹦跳、拍手、将手放在眼前扑动和凝视、用脚尖走路等，还可能对物体的一些非主要、无功能特性（气味、质感）产生特殊的兴趣和行为，如反复闻物品或摸光滑的表面等。

除以上核心症状外，孤独症谱系障碍儿童还常存在自笑、情绪不稳定、冲动攻击、自伤等行为，同时更容易出现注意力缺陷、活动过度等问题。

践行园

所有有社交问题的儿童青少年都是孤独症谱系障碍吗？

孤独症谱系障碍的核心缺陷之一是社交交流和交往障碍，确实在社交方面存在诸多问题，但并不是所有有社交问题的儿童青少年都是孤独症谱系障碍。例如，单纯存在社交交流和交往问题而没有刻板行为习惯的儿童可能属于社交交流障碍；注意缺陷多动障碍的儿童由于他们存在多动、冲动的问题，也会表现出社交有问题；此外，一些存在社交焦虑或者社交恐惧的儿童也会表现出社交方面的回避问题。因此，如果儿童青少年存在人际关系和社交方面的较多问题，家长们需要积极帮助儿童青少年查找原因，并求助专业人员。

第二节 孤独症谱系障碍的病因

导读台

- 导致孤独症谱系障碍的原因是什么？
- 儿童青少年孤独症谱系障碍和家庭养育方式有关系吗？

知识窗

孤独症谱系障碍的病因及发病机制非常复杂。目前认为孤独症谱系障碍是由遗传因素以及遗传因素和环境因素相互作用导致的。研究显示，孤独症谱系障碍与遗传因素的关系非常密切。关于孤独症谱系障碍的神经生化因素以及免疫因素的病因学也有很多研究。但是，上述因素如何导致孤独症谱系障碍，易感基因的功能及其表达异常对脑发育有何具体影响，与孤独症谱系障碍的症状之间存在何种关系，遗传因素与环境因素如何相互作用而导致发病，均有待于进一步研究探讨。

目前有研究显示，母亲孕期不利因素是孤独症谱系障碍的危险因素，包括：母亲怀孕时自身年龄大和父亲年龄大，母亲孕期有先兆流产、病毒感染、吸烟、服用某些药物、情绪不稳，羊水的胎粪污染，胎位异常，宫内窘迫，以及出生时有难产或早产、新生儿窒息和低出生体重等。

践行园

思考：孤独症谱系障碍和家庭教养方式有关系吗？

孤独症谱系障碍是一种神经发育障碍，其病因与遗传因素的关系非常密切，环境因素也会增加个体患病风险。孤独症谱系障碍是遗传因素和环境因素相互作用导致的结果，父母的养育方式不良并不会导致孤独症谱系障碍的发病。

践行园

思考：孤独症谱系障碍可以治好吗？

孤独症谱系障碍的特质表现可以说是终生难变，就像普通个体也很难变成另一个人一样，但这并不意味着孤独症谱系障碍儿童不能获得一般意义上的正常生活。他们永远是独特的个体，但仍可拥有常人一般意义上的生活。

第三节　孤独症谱系障碍的康复教育

导读台

- 孤独症谱系障碍如何治疗？
- 孤独症谱系障碍的康复教育怎么做？

> 知识窗

一、孤独症谱系障碍的治疗原则

（一）早诊断、早干预，选择科学干预手段

孤独症谱系障碍目前仍无有效的药物治疗方法，教育训练干预是唯一有效的治疗手段，选择具有良好循证医学证据的治疗方法进行干预，如应用行为分析、结构化教学、关键反应教学，对改善患儿预后具有非常重要的意义。

（二）对症治疗情绪行为的异常以及共患病

由于孤独症谱系障碍儿童经常出现情绪行为问题，共患焦虑障碍、注意缺陷多动障碍等疾病，根据患儿的具体情况，积极对症治疗其情绪行为问题及共患病也是十分重要的治疗内容。

（三）坚持长期治疗干预

孤独症谱系障碍为长期慢性甚至持续终生的疾病，因此，应坚持长期、持之以恒的治疗干预，以促进孤独症谱系障碍儿童各方面能力的发展，改善其社会功能，提升其适应能力。

二、孤独症谱系障碍的教育训练

教育以及行为途径的干预是最主要的康复措施。干预主要着眼于提高人际交往能力、社交沟通技能、动作和运动技能、个人自理（自立）能力、高级认知功能水平、学习学业相关技能、自我调节能力等，同时减少或者控制问题行为。例如，一般表现为攻击、破坏、自伤或者其他与社会及环境不相适应的行为；局限的、重复的、非功能性的行为模式、兴趣或活动；感觉或情绪失

调的行为，包括焦虑、抑郁、感觉过敏等。目前最主流且循证依据比较充分肯定的干预措施是以应用行为分析（Applied Behavior Analysis，ABA）的基本原理、基本规律为基础的行为途径的干预措施，如回合试验教学、串联行为教学、问题行为的功能分析。

 **链接场**

应用行为分析

应用行为分析是实验行为分析的结果在日常生活中的实践和应用。行为主义的历史可以追溯到20世纪早期，从50年代起逐渐活跃，直至今日随着行为分析学的不断发展，使应用行为分析在各个领域中发挥作用。应用行为分析的核心是了解与改进行为，确切地说是"一门将行为原则系统地运用在有效提高有社会意义的行为中，并且通过实验方法来证明其有效性和关联性的科学"。应用行为分析涉及的一些行为原则有强化、惩罚、消退、强化计划、塑造等。

 **践行园**

思考：孤独症谱系障碍儿童的家长应该做什么？

家庭干预对孤独症谱系障碍儿童的成长非常重要。家长首先需要了解孤独症谱系障碍有关的科学知识，能够早期识别孩子发育异常的情况，及时带孩子就诊。

同时，家长要学会识别科学有效的干预治疗方法，避免采取非科学、没有循证证据的治疗方法。家长通过掌握科学知识，能够更好地理解孤独症谱系障碍孩子的症状，对其所需的医疗、康复等服务有较为充分的认识，并对其预后有一个相对现实的期望，能够正确地寻求各种资源为孩子进行治疗和训练。家长还要学习教育训练相关的知识和技能，掌握照管、教育训练孩子及行为矫正的基本方法，从而能够与医生、老师较好地配合，使孩子在家庭中得到教育训练和行为治疗。家长需要能够面对现实，保持情绪稳定，以积极的心态生活。家长自助团体对家长间的相互支持、保持良好心态会起到重要作用。

践行园

思考：大众如何面对孤独症谱系障碍儿童？

大众首先需要对孤独症谱系障碍儿童有初步的了解，了解这些特质不同的儿童与普通儿童如何不同，了解他们的诉求及其亲友们的诉求。了解是接纳的基础，越多了解他们，越是愿意接纳他们、尊重他们、帮助他们。

（李雪）

第 3 章　注意缺陷多动障碍

如果孩子总是粗心大意、难以集中注意力，或者总是好动、冲动、情绪不稳定，那么有可能患有注意缺陷多动障碍（俗称多动症）。注意缺陷多动障碍会给儿童青少年的生活、学业、人际交往等方面造成负面影响。正确识别及尽早干预注意缺陷多动障碍会使患儿受益匪浅。

第一节　注意缺陷多动障碍的概述

导读台

- 什么是注意缺陷多动障碍？
- 注意缺陷多动障碍有哪些表现？

知识窗

让我们想象一个场景：你是一名老师，正背对着学生们在黑板上写板书，讲台下的学生都坐在座位上认真看着黑板，突然"砰"的一声打破了教室安静的氛围，你转头一看，又是小 A 同学干的"好事"，原来是他摆弄书本的时候把水杯打翻到了地上。你看着总是在课堂上弄出动静的小 A，皱了皱眉头，你让小 A 把水杯捡起来，心里想着要和他的家长谈一谈了。

对于小 A 同学，你可能会觉得他是个调皮的小孩，也可能会

注意缺陷多动障碍儿童的课堂表现

觉得他是个多动症小孩。但调皮是一种性格,而多动症则是一种发育障碍,如果没有及时将有这种障碍的小孩识别出来,可能会延误儿童青少年的治疗;但是如果错误地给调皮的小孩贴上多动症的标签,则可能会使儿童青少年的心理发展和社会关系受挫。因此,我们需要充分了解多动症。

一、注意缺陷多动障碍的定义

注意缺陷多动障碍(Attention Deficit/Hyperactivity Disorder,ADHD)俗称多动症,是以明显的注意力不集中和注意持续时间短暂、活动过多和冲动为主要临床表现的神经发育障碍。国际上报道的儿童 ADHD 的患病率为 5.29%,我国报道的为 6.4%。当观察 ADHD 人群时,我们可以发现,其中男性居多,男女比例为(3~4):1。

二、注意缺陷多动障碍的临床表现

如其名所描述，ADHD 的临床表现主要包括注意缺陷相关的表现、多动冲动相关的表现，这些表现给个体带来了不良影响。

（一）注意缺陷

注意缺陷相关的表现包括：在日常生活中表现得十分粗心，往往注意不到事情的细节；通常难以维持持久的专注力，在听课、做作业等活动中经常分心，不能专心完成眼前的任务，注意力常常被转移到别的事情上；在与别人交谈的时候，表现得心不在焉，不关注别人说的话或做的事；对于需要集中注意力或需要安静才能完成的事情，不喜欢做或拒绝做；在生活中常常丢三落四，"这掉支笔，那掉本书"，显得非常健忘。

（二）多动冲动

多动冲动相关的表现包括：在日常生活中表现得非常好动，常常不遵守保持安静的要求，也不能安静地等待；往往行事冲动，缺乏思考就急于行动；在任何场合都有强烈的表达欲，且常常打断别人的谈话；容易因为一些小事而过度兴奋，也容易在受挫时变得非常低落沮丧；当要求无法被满足时，很容易大发脾气，甚至出现攻击性行为。

三、注意缺陷多动障碍对生活的影响

由于注意缺陷和多动冲动，ADHD 儿童青少年的学习、人际交往等社会功能会受到很大的影响。以学习和社交为例：在学习上，无法专注于课堂听讲，缺乏有效的学习时间，同时很难完成课业任务，因此学习成绩不好，而且低于其智商应达到的水平；在社交上，行事容易冲动，情绪不稳定，交谈时要么不听他人说话的内容，要么说话过多且总是打断他人，而这些行为容易惹恼他人，因此难以建立新的人际关系或维系一段良好的人际关系。

链接场

注意缺陷多动障碍与智力障碍

ADHD儿童青少年往往学习成绩不是很理想，家长经常会担心孩子是不是智力不行。

ADHD儿童青少年成绩不佳并不是因为他们智力水平低，而是因为注意缺陷和多动冲动使他们缺乏有效学习的时间和能力。如果对ADHD儿童青少年进行智力测验，可能只有部分儿童青少年的智力水平偏低，而且这些儿童青少年的成绩往往低于其智力水平应达到的水平。但经过治疗后，他们的学业成绩往往可以提高至符合其智力水平的水平。

智力障碍儿童青少年的学习成绩始终与其智力水平相符，常常伴有语言和运动发育迟缓、社会适应障碍等表现，这些症状难以逆转。

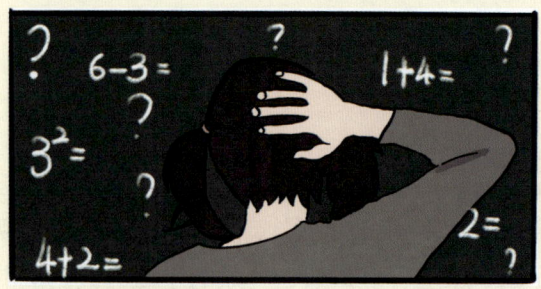

注意缺陷多动障碍不同于智力障碍

第3章 注意缺陷多动障碍

当观察到孩子出现上述表现时,尤其是当学业及社交因此受到影响时,家长们需要警惕孩子是否罹患 ADHD 并及时就医寻求专业帮助。

生活中,ADHD 儿童青少年总是被我们给予了更多的关注,但 ADHD 并不是儿童期特有的,其特点是起病于儿童期,且可能持续到成年期。当前,成人 ADHD 的诊断前提是个体童年期的症状必须达到儿童 ADHD 的诊断标准,其临床表现主要集中在注意缺陷和冲动两方面,而多动问题不明显,成人所面对的社会环境更加复杂,其症状的表现形式也更多样化。

践行园

亲爱的家长们,请和孩子聊一聊,他(她)在学业和人际交往中有没有什么苦恼?仔细观察一下,您口中"调皮"的孩子是否有 ADHD 的表现。

第二节 注意缺陷多动障碍的病因

导读台

- 注意缺陷多动障碍是遗传病吗?
- 注意缺陷多动障碍的危险因素是什么?

> **知识窗**

正如许多复杂性疾病一样，ADHD 是遗传因素和环境因素共同作用的结果。下文分别介绍 ADHD 相关的遗传因素和环境因素。

一、遗传因素

遗传因素是 ADHD 发生发展过程中的重要影响因素。ADHD 的遗传度约为 0.76，具有家族聚集现象。目前科学研究尚未确定 ADHD 的致病基因，比较一致的观点是：与 ADHD 有关的基因组变异是非特异的，不是某个特定基因突变直接导致了 ADHD 的发生，而是许多基因组的变异"聚沙成塔"共同构成了 ADHD 的高度遗传性。

二、环境因素

（一）围生期因素

母亲孕期及产时的相关情况与 ADHD 发病相关，包括孕妇处于应激状态、烟酒暴露、药物使用以及新生儿低出生体重、早产等。

（二）不良外环境暴露

在胎儿期至儿童期阶段，接触铅、有机磷农药和多氯联苯等被认为是 ADHD 的危险因素。

（三）饮食因素

饮食因素包括：营养缺陷，如缺乏锌、镁和多不饱和脂肪酸，以及营养过剩，如摄入过多的糖和人工食品色素。但根据目前的研究结果,这些因素尚不能被认为是 ADHD 的危险因素。

(四)心理社会因素

最为突出的心理社会因素是不良的家庭关系,既包括父母双方各自的问题,如父母性格不良;也包括父母所构筑的家庭环境,如家庭破裂、家庭经济困难;还包括父母对待儿童青少年的方式,如父母教养方式过于严厉甚至采取敌对的方式。这些不良的家庭关系不利于儿童青少年心理的健康发展,并且当儿童青少年出现 ADHD 的表现后,会反过来加剧这种负面的家庭关系。除了家庭,学校粗暴的教育方式或不被同伴接纳也对儿童青少年有负面影响。

链接场

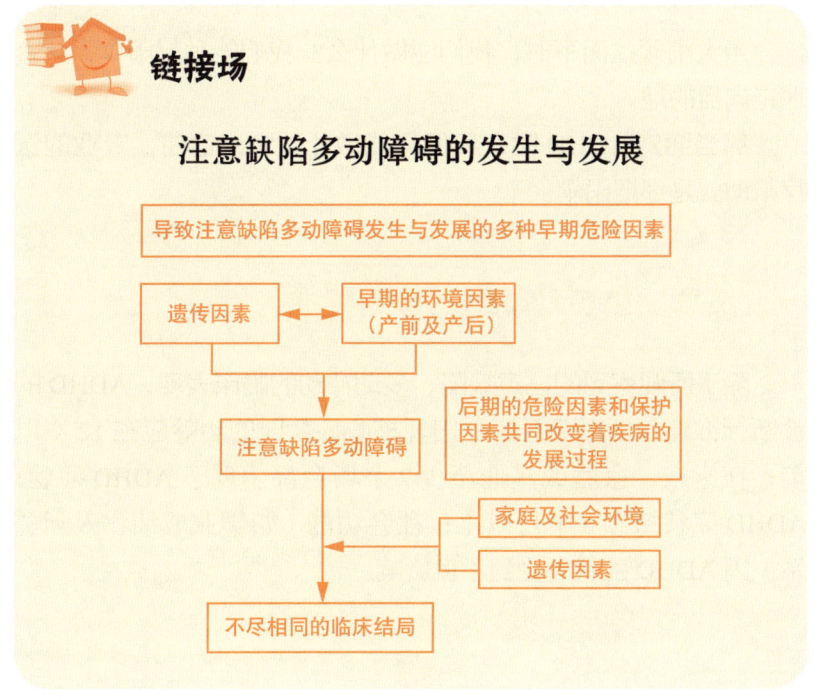

第三节　正确应对注意缺陷多动障碍

导读台

- 如何诊断注意缺陷多动障碍？
- 如何治疗注意缺陷多动障碍？
- 面对注意缺陷多动障碍，家长能做什么？

知识窗

当大雨倾盆而下时，我们能做什么？我们能举起雨伞，从容地走向目的地。

那当面对 ADHD 时，我们又能做什么？请记住，专业的医疗帮助就是那把雨伞。

一、注意缺陷多动障碍的诊断标准

除了所观察到的注意缺陷、多动冲动的临床表现，ADHD 的诊断标准还包括以下几点：出现核心症状时的年龄应在 12 岁以前；在学校、家庭或其他至少 2 个场合都出现了 ADHD 症状；ADHD 症状持续 6 个月以上；社会功能（如学业成绩、人际关系）因 ADHD 症状而受到不良影响。

第3章 注意缺陷多动障碍

注意缺陷多动障碍患儿的表现

链接场

注意缺陷多动障碍诊断的核心症状

1. 注意缺陷

（1）经常在写作业、工作或其他活动中不能密切关注细节或因粗心犯错误；

（2）经常难以在活动中保持注意力；

（3）与人直接交谈时不倾听；

（4）经常不遵守指令，不能完成作业、家务或工作职责（如经常走神）；

（5）经常难以组织活动；

（6）经常避免、不喜欢做或不愿做需要长时间集中注意力的任务（如完成家庭作业）；

(7)经常丢失学习材料、工具、钱包、钥匙、眼镜和手机等物件；
(8)很容易分心；
(9)在日常活动中健忘。

2. 多动冲动
(1)经常手脚动个不停或在座位上扭动；
(2)经常在需要保持就座的情况下离开座位；
(3)经常在不恰当的情况下四处奔跑或攀爬；
(4)经常无法安静地玩耍或参加休闲活动；
(5)经常表现得十分忙碌，像是"被马达驱动"一样；
(6)经常讲话过多；
(7)经常在问题被讲完之前将答案脱口而出；
(8)经常难以等待；
(9)经常打断或打扰他人（例如在谈话或游戏时）。

就诊时，医生不仅会与儿童青少年交流，还会同其父母、老师乃至朋友进行沟通，从而充分评估个体的整体状态及其所处的家庭和社会环境，同时医生还会借助多种临床评定量表辅助临床评估和诊断。此外，医生还会询问个体的一般身体情况、病史、发育史及家族史等情况，判断个体有无躯体疾病、共病，以便进行下一步的治疗。

二、注意缺陷多动障碍的治疗

目前 ADHD 的治疗方法包括药物治疗、非药物治疗，治疗原则是个体化、综合性治疗，各国指南对不同年龄段的患者有着不同的治疗建议。

（一）药物治疗

国际上，药物治疗中应用最多的是哌甲酯和安非他明，其次是托莫西汀、胍法辛、可乐定等。研究表明，ADHD 治疗药物能够有效改善个体注意缺陷、多动冲动等临床症状，改善其学业表现、社交关系等。同时，治疗药物可能存在一些不良反应，包括食欲减退、睡眠问题等。因此，采用药物治疗 ADHD 时，需要权衡药物疗效及其安全性，同时需要定期监测个体可能出现的不良反应。

（二）非药物治疗

非药物治疗是 ADHD 治疗中重要的一环，包括认知行为疗法、神经反馈训练、正念疗法等。非药物治疗可以为 ADHD 个体带来积极的影响。以认知行为疗法为例，它能帮助个体改变不良的行为模式，学会解决问题、控制自己的冲动行为和选择恰当的行为方式。

家长培训及学校干预也非常重要。家长是儿童青少年最亲近和接触最多的人，家长培训可以为家长提供支持，提高家长与其患病孩子相处时解决问题的能力，帮助家长掌握矫正 ADHD 行

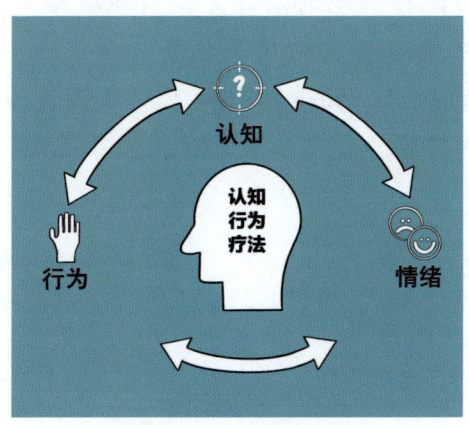

认知行为疗法概念图

为问题的方法，构建良好的教育模式和家庭环境，最终既能改善与患病孩子的亲子关系，又能改善其行为。学校干预则可以帮助教师掌握针对ADHD儿童青少年的正确教育方法，避免粗暴的教育方式对其心理造成伤害。家长培训及学校干预为ADHD个体所带来的良好的家庭关系、人际关系和老师的关心鼓励有利于其预后转归。

对于ADHD成人，多模式的治疗方法既可以改善他们的症状，还能够降低他们药物成瘾、意外事故和犯罪的风险。

践行园

思考：当发现儿童青少年可能患有ADHD时，家长能做什么呢？

当家长观察到儿童青少年有ADHD症状时，应及时就医。在就医过程中，家长要给予医生充分的信任，配合医生的访谈，详细阐述相关信息。在治疗阶段，家长要理解配合医生的治疗方案，积极参与家长培训，学习如何正确与自己的孩子相处。在家中，家长要运用学习到的知识，营造良好的家庭氛围，给予儿童青少年耐心和鼓励，帮助儿童青少年矫正不良行为。

（洪海恒　刘璐　钱秋谨）

第 4 章　阅读障碍

小婉是一个听话、聪明的小学二年级女生。小婉上幼儿园时，小婉妈妈发现小婉对绘本中的图画更感兴趣，而对文字兴趣不大，小婉爸爸觉得这是因为小婉年龄还小，上学后就好了。然而上小学后，小婉的语文成绩很不理想，特别是在学习生字的时候总记不住字音；有时即使通过死记硬背的方式记住了，第二天仍会出现不认识、写不对的情况。语文老师认为小婉阅读成绩不好是因为她没有下足够的功夫，但她其实已经十分努力了。实际上，小婉很可能患有发展性阅读障碍（本章简称为阅读障碍），这是一种在学龄儿童中多发、特异于阅读的学习困难。正确认识这一问题并了解有效的应对策略将有助于帮助患病儿童青少年。

第一节　阅读障碍的概述

导读台

- 什么是阅读障碍？
- 阅读障碍的行为表现有哪些？
- 阅读障碍会产生哪些影响？

知识窗

阅读是儿童需要掌握的核心认知能力之一，对其学业成就、职业发展，甚至情绪情感等方面都会产生深远影响。儿童青少年阅读障碍的发生率高达 7%，主要表现为阅读发展方面的特异性损伤。这一损伤无论是对个体还是对社会都有不可忽视的负面作用。

一、阅读障碍的定义

阅读障碍由 Pringle Morgan 于 1896 年首次报告。与颅脑损伤导致的获得性阅读障碍不同，阅读障碍源于神经发育异常。被诊断为阅读障碍的儿童青少年通常身体健康，具有正常的智力、基本感知觉能力、学习动机和受教育机会，但却在阅读学习上落后于同龄儿童青少年，表现为明显低于平均水平的字词阅读准确性和流畅性。儿童青少年阅读障碍的发生率约为 7%。这一比例受性别以及语言文字特征等因素的影响。尽管传统观点认为，在作为表意文字的汉语中，阅读障碍的发生概率很小，但事实上其与在拼音文字中的发生概率大致相同。而近期也有研究者开始担忧，电子设备的普及会导致儿童青少年书写时间减少，从而可能会导致他们汉语阅读障碍的发生率升高。

目前，越来越多的研究者开始认为，阅读障碍并非独立存在，而是处于阅读能力连续分布的尾端。换句话说，阅读障碍儿童青少年和正常发展儿童青少年之间可能并没有严格的区分界线。因此，家长一旦发现儿童青少年在阅读方面出现困难，即使并不严重，也应尽早向专业机构寻求帮助。此外，阅读障碍与其他学习障碍以及注意缺陷多动障碍之间发生共患的可能性较高。因此，如果孩子存在这类问题，家长也应及时带孩子进行阅读障碍检查。

二、阅读障碍的行为表现

汉语阅读障碍儿童青少年的典型表现是字词识别不准确、朗读不流畅以及听写困难。虽然均在阅读任务中表现出落后，但阅读障碍儿童青少年在阅读相关认知技能上的损伤却不完全相同。比如，阅读障碍儿童青少年可能在语音意识或快速命名上存在特异性损伤或表现为双重损伤。再如，除了语言相关的认知加工的缺陷，部分阅读障碍儿童青少年还表现出非语言加工的损伤，如较窄的视觉空间注意广度、较差的躯体平衡能力。通过将阅读障碍区分为不同的亚型，研究者可以更准确地对每名儿童青少年遇到的问题进行描述，这有利于干预的设计、实施和评价，最终有利于帮助其提高阅读表现。

链接场

对于汉语阅读发展来说，语音意识、正字法意识和语素意识是三项最重要的认知技能，其中任意一项的损伤都可能导致阅读障碍的发生。

语音意识：对音节、首音、韵脚、声调等语音信息进行感知和操纵的能力。

正字法意识：对汉字结构及书写规则的认识，主要包括单部件意识、部件位置意识、部件功能意识等。

语素意识：对组成词汇的最小语义单位的意识及操纵的能力，以及使用词汇构成规则的能力。

三、阅读障碍对个体和家庭的影响

对于个体，阅读能力的落后会导致更少的阅读经验和更低的阅读兴趣，后者又会反作用于儿童青少年的阅读能力。由于阅读是个体获取信息的重要途径，因此阅读能力的损伤还会影响任何以文字作为载体的学科学习，最终影响学业成就和职业发展。此外，阅读障碍还会对个体的身心健康带来长期不良影响。例如，阅读障碍会使儿童青少年在阅读时感到焦虑；落后的阅读能力还可能会带来老师的批评和同伴的嘲笑，从而打击个体的自我效能感并影响儿童青少年与老师、同伴的关系。

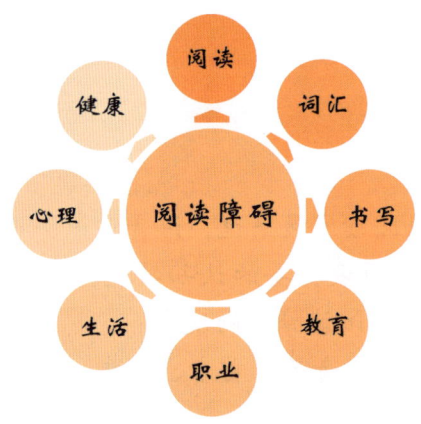

阅读障碍会对个体发展的多个方面产生负面影响

对于家庭，阅读障碍儿童青少年的父母同样会承受巨大的压力。一方面，家长需要为孩子寻找合适的课外培训机构和辅导老师，花费巨大的精力和财力；另一方面，有一个阅读障碍的孩子往往会引起家长自身的焦虑和紧张情绪，亲子关系也将面临挑战。

链接场

关于阅读障碍的迷思和真相

- 阅读障碍导致的落后会随着儿童青少年年龄的增长逐渐消失吗?

真相:在缺乏有效干预的情况下,阅读障碍儿童青少年在阅读方面的困难将长期存在。

- 阅读障碍是由单纯的视觉感知问题导致的吗?

真相:阅读障碍与多个层面(包括基因、脑、认知等)和多个方面(包括语音、语素、正字法意识等)的损伤有关。

- 阅读障碍儿童青少年无法成为正常的阅读者吗?

真相:通过有针对性的系统训练,阅读障碍儿童青少年的阅读困难可以得到改善,甚至发展出超出平均水平的阅读能力。

践行园

请家长思考:您上学的时候是否经历过阅读困难?如果是,具体表现在哪些方面?除阅读之外,您是否在其他学习上也存在困难?您的孩子如果也存在上述问题,您认为和您以往阅读困难的关系是什么?可能的原因是什么呢?

第二节 阅读障碍的病因及影响因素

导读台

- 阅读障碍发生的原因是什么？
- 阅读障碍的发生是否有家庭因素的影响？

知识窗

经过多年研究，人们对阅读障碍的病因和影响因素已经有了较为系统和全面的认识。简要来说，阅读障碍具有遗传性，并在神经发育和认知发展等方面存在异常。此外，阅读障碍还受到家庭环境因素的影响。同时，人们也逐渐认识到，阅读障碍的具体表现也会随着年龄的增长而发生变化。

一、阅读障碍的病因

在遗传方面，家系研究直观地显示出了阅读障碍具有遗传性。例如，若直系亲属存在阅读障碍，则其子代被诊断为阅读障碍的概率更高。此外，相比异卵双胞胎及无关个体，同卵双胞胎在阅读表现上更为相似，同时发生阅读障碍的可能性也更大。分子遗传学研究则进一步揭示了阅读障碍的候选基因，如 *FOXP2*、*KIAA0319*、*DCDC2*。

在神经机制方面，相比正常儿童，汉语阅读障碍儿童在左脑额中回、左脑枕颞区、右侧舌回等脑区表现出功能或结构损伤。最近的一些研究表明，汉语阅读障碍儿童还可能存在皮质下核团以及小脑发育异常。

在认知方面，语音意识损伤是拼音文字阅读障碍最普遍的认知损伤。而对于汉语来说，除语音意识外，语素意识和正字法意识的损伤也与阅读障碍的发生紧密相关。

 **链接场**

20世纪90年代，牛津大学威康信托人类遗传学中心及伦敦儿童健康研究所的科学家对一个患有罕见遗传病的家族中的三代人进行了研究。这个家族被研究者称作"KE家族"，其中一半以上的成员存在严重的言语障碍及阅读问题。基因分析表明，这些成员的这些损伤与FOXP2基因上特定位点的突变有关。FOXP2也因此被称为语言基因。

二、家庭环境因素的影响

家庭环境因素中的社会经济地位（如父母学历、家庭收入）、家庭阅读环境（如儿童书籍数量）以及亲子活动（如对话、共读）等均与儿童的阅读发展有关。然而，家庭环境因素并非导致阅读障碍的原因。尽管如此，丰富的阅读资源、良好的家庭环境确实有助于儿童获得更高的阅读能力，以及促进阅读障碍儿童阅读能力的改善。

综上所述，阅读障碍的发生发展受到基因、神经、认知等不同层面因素的作用。这些层面之间存在着紧密而复杂的关系，并最终影响个体在具体阅读任务中的表现。即使在同一层面内部，阅读障碍也并非表现为单一因素的损伤。这也就是目前很多研究者认可的多重损伤假说，即阅读障碍是由多种损伤引起的综合表现。

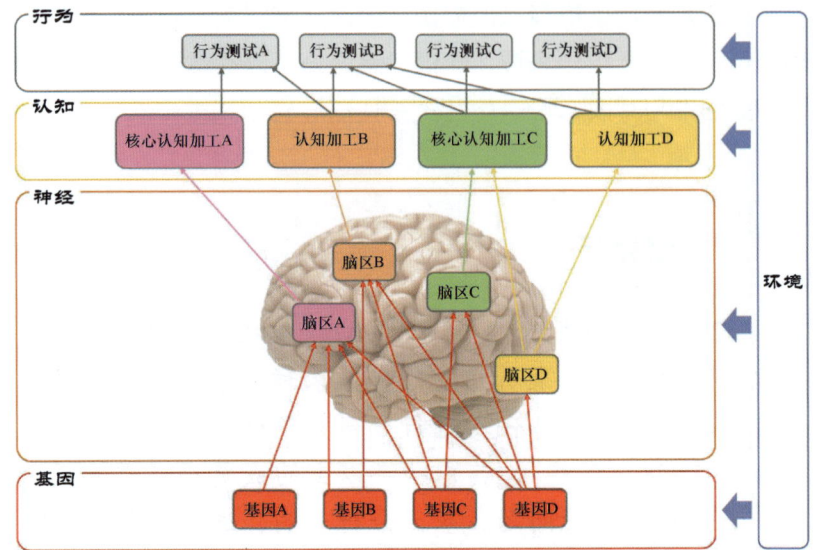

阅读障碍的发生源自多个层面、多个方面的损伤

 **链接场**

电子阅读与阅读能力的关系

随着科技发展，电子屏幕（如电脑、手机、平板电脑）越来越多地承担了纸的角色。电子产品的使用与儿童阅读能力之间的关系近年来受到了研究者越来越多的关注。研究结果总体表明，电子产品的使用时长与儿童较低的阅读能力有关。即使是进行阅读而非玩游戏或参加社交活动，在电子阅读情境下，儿童的阅读表现也低于纸质阅读表现。这一现象提示家长，应适当减少儿童使用屏幕的时间，并引导儿童更有效地使用电子设备。

第三节　阅读障碍的早期识别和干预

导读台

- 哪些早期线索可以用来预警将来落后的阅读表现？
- 如何帮助阅读障碍儿童提高阅读成绩？

知识窗

准确识别阅读障碍儿童并进行有效干预十分重要。其中，识别时间的早晚是影响干预效果的重要因素之一。识别的时间越早，儿童阅读能力的可塑性就越好，这意味着落后的阅读行为越可能得到改善；同时较早的干预还可以降低儿童焦虑和自尊心受挫等心理问题的发生；此外，家庭花费的金钱和时间也更少。

一、阅读障碍的诊断

一般来说，如果儿童在智力正常的情况下表现出阅读以及相关认知能力的损伤，则认为其患有阅读障碍。在具体实践中，首先使用智力测验排除智力低下的儿童，然后使用字词水平阅读任务以落后年龄或年级平均水平 1～2 个标准差筛选出阅读存在困难的儿童，最后使用成套测验工具评估认知加工损伤并最终确认儿童是否为阅读障碍。由于诊断包括对儿童阅读表现的评估，因此阅读障碍的诊断一般是在正式开始阅读学习后进行（通常在小学 3 年级开始进行）。

二、阅读障碍风险儿童的早期识别

由于阅读障碍并不伴随明显的器质性损伤，因此即使在阅读表现落后已经发生的情况下，也有患儿未得到家长和老师的足够关注。而在学前阶段识别有阅读障碍风险的儿童更具难度。好在不断积累的基础研究已在不同层面提供了可以识别有阅读障碍风险儿童的有效指标。

首先，在家庭层面，父母的阅读困难历史以及兄弟姐妹在阅读学习中的落后是预测儿童将来发生阅读障碍的可靠指标。也就是说，如果直系亲属有阅读困难经历，则儿童更有可能受到阅读障碍的困扰。其次，在个体层面，对阅读障碍具有指示作用的行为指标包括较晚说话、语音意识较差以及命名速度较慢等。

值得指出的是，通过机器学习技术，研究者已经能够根据基因、神经影像数据以及行为表现等信息以较高的准确率将阅读障碍儿童与正常儿童区分开。虽然这些研究大多是回溯性的，与现实教育情境中的预测和识别仍存在较大的距离，但可以预见这些信息在未来识别有阅读障碍风险儿童中的重要作用。

三、阅读障碍的干预

阅读障碍可以在一定程度上通过干预得到改善。在众多训练方法中，以行为策略占比为最高。这些方法一般以阅读障碍核心损伤为出发点，旨在通过改善阅读障碍儿童在特定认知加工中的表现来提高其阅读能力。而无论具体的训练方法设计依据是什么，有效干预都具有以下几个特征：①基于儿童的阅读损伤特点设计干预程序和材料；②实施早；③强度高，并持续足够时间；④提供及时且清晰的反馈。值得注意的是，对汉语阅读障碍的干预应考虑中文的特点，特别是要关注包括声调在内的语音意识、汉字的结构意识和学习策略等。此外，部分阅读障碍儿童即使接受了大量训练也无法发展出熟练的阅读技能。对于这些儿童，在帮助其改善其落后的阅读能力的同时，也应关注其其他领域技能的开发。

父母和家庭环境因素会对阅读障碍孩子的干预效果产生非常明显的影响。为获得良好的效果，父母首先要从观念上真正重视阅读障碍，主动了解相关的信息并有意识地将其应用到对孩子的干预中，并在干预过程中给予孩子更多的鼓励和情感支持。在策略方面，则要了解和选择可靠的辅导机构。这些机构一般会以对阅读障碍儿童进行的系统评估为基础，制订有科学依据的个性化的干预策略，并在干预中根据孩子的进步提供反馈和指导。在家庭阅读环境方面，父母可以根据孩子的阅读水平和兴趣选择性地购置书籍，每日进行亲子共读等活动。最后，除了关注阅读障碍孩子落后的阅读能力外，父母还可以帮助孩子找到他们的优势所在，并通过提高他们的相应能力帮助他们获得更好的成长体验。

亲子共读是促进孩子阅读发展的有效方式

践行园

案例分析

1. 小轩非常聪明，但从小学一年级起他就表现出了落后的阅读学习能力。根据语文老师的描述，小轩无法将注意力集中在语文课本上。

解析：聪明的小孩也会受到阅读障碍的困扰。虽然老师说小轩有注意力集中的问题，但如果这一问题仅限于阅读，则更可能是由落后的阅读能力引起的结果。建议家长带孩子到专业机构对其是否患有阅读障碍进行诊断。

2. 小宁在小学三年级被诊断为阅读障碍。为此，小宁的父母为他报名了一项关注阅读中视觉加工技能的训练课程，但一段时间下来收效甚微。

解析：小宁的父母确实关注到了小宁存在的问题并采取了行动。干预效果不佳的原因可能在于课程的内容设置并未针对小宁表现出的阅读损伤特点。此时，小宁的父母需要寻求专业机构对小宁的阅读及相关认知技能进行系统性的评估，并根据结果设计和实施干预。

（夏志超　高丹琪　刘丽）

第 5 章 发展性计算障碍

发展性计算障碍是指儿童智力正常并在享有均等教育机会的情况下其数学学习和计算能力相比于同龄儿童存在持续且明显的缺陷。研究发现，患有发展性计算障碍的儿童的计算准确率及速度都显著低于同等教育水平的儿童。发展性计算障碍不仅会影响个体的身心健康和学业成就，还会对家庭产生负面影响。但是，发展性计算障碍并非不可改变，可以通过适当的干预措施来预防和改善。

第一节 发展性计算障碍的概述

导读台

- 发展性计算障碍的定义是什么？
- 发展性计算障碍的发生率是多少？

知识窗

一、发展性计算障碍的定义

在《精神障碍诊断与统计手册》（第 5 版）（DSM-5）中，发展性计算障碍被定义为一种特定的数学学习障碍，具体表现为：

尽管提供了干预和帮助,但仍存在持续的(至少 6 个月以上)数感和算术事实记忆缺陷、计算及数字推理的准确性和流畅性较差。发展性计算障碍儿童在计算时通常使用"不成熟的策略",如扳手指计算,而正常儿童在计算时通常使用一些更有效率的技巧,如"记忆提取策略",即从长时记忆中提取算术结果。

二、发展性计算障碍的发生率

在不同国家中,发展性计算障碍的发生率都是稳定的。首次报告发展性计算障碍发生率的国家是斯洛伐克,约有 6.4% 的斯洛伐克儿童患有发展性计算障碍。此后的研究普遍发现,发展性计算障碍的发生率为 5%～7%,各国报告的发生率也存在一定差异。产生差异的原因可能是研究者对发展性计算障碍的诊断标准各不相同,具体表现为对发展性计算障碍儿童数学成绩的界定和相关认知因素的控制标准不同。

根据 DSM-5 的建议,在排除个体存在智力低下的可能性之后,其计算测验成绩低于正常同龄儿童平均成绩的 1.5 个标准差即为发展性计算障碍儿童。采用低于平均成绩 1.5 个标准差的研究报告的发展性计算障碍的发生率为 5%～7%。相比之下,采用过于严格的筛选标准可能会导致更低的发生率,例如伊朗研究者采用了低于测验平均成绩 2 个标准差的标准,其报告的发生率为 3.8%。

第二节 发展性计算障碍的脑机制

导读台

- 发展性计算障碍的脑机制是什么?

第5章 发展性计算障碍

知识窗

20世纪末，随着电生理学和神经成像的发展，人们对发展性计算障碍的脑机制进行了初步研究，逐渐发现了发展性计算障碍儿童的大脑顶叶（以顶内沟为核心）区域存在发育异常。例如，Morocz 等发现，发展性计算障碍儿童在进行算术计算时，只有右侧顶内沟和左侧额中回被激活，左侧顶内沟受到损伤，而正常儿童双侧顶内沟都能被激活。Price 等发现，顶叶结构异常会引发数字加工障碍，相较于正常儿童，发展性计算障碍儿童大脑顶内沟水平段灰质密度较低、顶内沟的灰质体积较小，并且其顶内沟在长度、深度及形态上明显异于正常儿童。Kucian 和 Aster 发现，发展性计算障碍儿童的顶叶和额叶区域之间存在连接缺陷，特别是上纵筋膜与顶内沟相邻的部分受到影响。研究人员推测，上纵筋膜中微观结构的改变可能反映了纤维的髓鞘化不足，而上纵筋膜、顶叶区域与额叶、颞叶皮质的完整连接对数字认知能力至关重要。这些研究结果都说明了脑结构的发育异常是导致发展性计算障碍的重要原因。

链接场

你知道吗？特纳综合征（Turner Syndrome）是染色体异常导致的一种疾病，在特纳综合征患者中，发展性计算障碍的发生率远远高于正常群体。特纳综合征患者大脑的背侧通路（下图绿色边框圈出的蓝色脑区）出现了功能障碍，而这部分脑区是进行数字表征、操作的关键脑区。

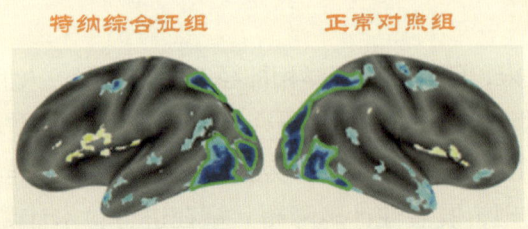

特纳综合征与正常群体在大脑背侧通路中的差异

第三节　发展性计算障碍的干预

导读台

- 数感训练是否有效？
- 中国珠算干预如何起作用？

知识窗

对于发展性计算障碍儿童，如何有针对性地进行干预，如何将研究中的理论知识转化为教育方案，是众多数学认知神经科学研究者和一线教师所关注的问题。研究者采用包括心理学、神经科学和教育学在内的跨学科方法为发展性计算障碍的干预做出了贡献。

一、数感训练

数感训练是一种有效的发展性计算障碍干预方式。有研究从4所小学中抽取了80名发展性计算障碍儿童，将这些儿童随机分为干预组和对照组。干预组接受了为期 8 天的数感训练，使用的训练程序是名为"小猪收苹果"的电脑游戏。训练中，苹果树上会掉落一堆堆苹果，每堆苹果的数量不等。儿童需要用鼠标来尽可能多地收集屏幕上方掉落的苹果，同时避开炸弹。为了更好地完成任务，学生需要选择数量更多（而不是长得更大）的苹果堆。而对照组则接受英语听写的训练（训练中使用的所有单词均来自小学教科书）。试验记录了发展性计算障碍儿童训练前后在基础认知测验和数学测验中的表现。

"小猪收苹果"电脑游戏界面

结果发现，接受"小猪收苹果"训练的儿童在计算能力、数量感知、视觉形状知觉等方面有了明显的提高，而另一组接受英语听写训练的儿童在以上维度无明显改善。

二、珠算训练

发展性计算障碍的诊断通常发生在小学二年级及以上（8 岁及以上）儿童，在他们接受了足够的学校教育后才进行诊断，这样可以避免因为他们受教育程度不足导致其数学学业成绩落后而被误判为发展性计算障碍。部分在学龄早期就有发展性计算障碍风险的儿童无法在大脑高速发育的早期得到及时干预。那么除了对发展性计算障碍进行事后干预，我们能否做到事前预防呢？

以往针对珠算训练的研究显示，珠算课程能提高学习者的算术能力。有些研究还表明，珠算可以提升基本的数字加工效率、工作记忆、注意能力。脑科学研究显示，珠算可以塑造大脑，其中就包含发展性计算障碍群体可能发育不良的大脑顶叶区域。所以我们假设，作为一种适合于学校环境大班教学的课程，珠算课程可以提高儿童青少年的算术能力，降低发展性计算障碍的发生率。

一项研究选取了来自江苏南通市和常熟市的 12 个自然班的 479 名二、三年级学生，对珠算训练对发展性计算障碍的预防及干预作用进行了研究。这 479 名学生在入学时被随机被分配到学习珠算的珠算班级或不学习珠算的非珠算班级。珠算班级的学生（共 6 个班，245 人）从一年级起开始接受珠算课程，珠算课程内容和他们的数学课程相融合。而非珠算班级学生（共 6 个班，234 人）不接触任何珠算训练，只接受常规数学课程。该研究通过对比两类班级，检验了珠算训练对发展性计算障碍的预防及干预作用。

该研究结果显示，二、三年级时（即经过 2～3 年珠算训练），两类班级的发展性计算障碍的发生率存在显著差异。非珠算班级总体的发展性计算障碍发生率为 6.4%，符合自然状态下学生的发展性计算障碍发生率；而接受珠算训练的班级没有学生被诊断出发展性计算障碍，这说明珠算训练对学龄儿童的发展性计算障碍有着良好的预防及干预作用。

这项研究揭示了珠算训练对发展性计算障碍的良好预防及干预作用。

通过以上两个对发展性计算障碍进行干预的例子，我们希望大家了解：发展性计算障碍并非不可改变；在数学教学实践中，

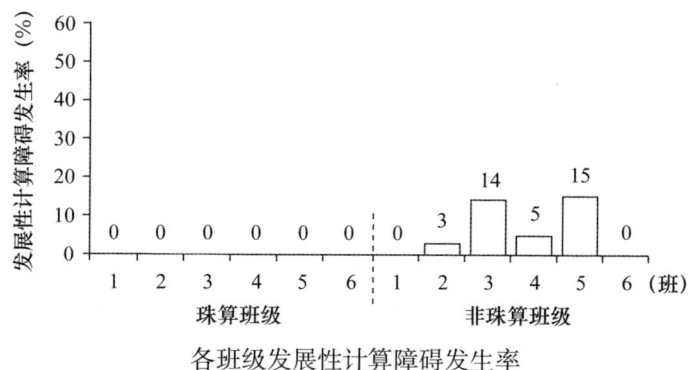

各班级发展性计算障碍发生率

教师和家长除了要给予发展性计算障碍儿童更多的关心,还要掌握更科学的教育教学方法。根据我们目前了解到的信息与研究结果,教师和家长可以对发展性计算障碍儿童进行适当的数感训练,也可以让儿童通过学习珠算来降低出现发展性计算障碍的风险。数感训练本质上是通过加快儿童的视知觉反应速度来提升计算流畅性,从而提高计算成绩;而珠算训练本质上是一种操控算珠图像进行计算的空间计算,儿童需要在脑中想象拨珠、通过算珠图像移动进行计算。未来的学校教育可考虑将珠算训练纳入学校数学课程体系,作为早期教育教学方式,用以消除发展性计算障碍,促进儿童认知能力的发展。

(周新林)

第 6 章　书写障碍

儿童青少年在写作业时如果出现字体部首左右颠倒，字母 p 和 q 经常搞混，字迹难以辨认，笔画顺序混乱，则可能是患了书写障碍。书写障碍的早期发现和及时干预对儿童青少年的学业成就、心理健康等方面会产生积极影响。由于书写障碍和其他学习障碍的症状会随着不断变化的学业要求和认知发展而改变，书写障碍的干预治疗需要家庭和学校的共同支持。

第一节　书写障碍的概述

导读台

- 什么是书写障碍？
- 书写障碍有哪些类型？
- 书写障碍有什么表现？

知识窗

一、书写障碍的定义及分类

书写障碍（dysgraphia）也称为书面表达障碍（或书面表达受损），属于特定学习障碍的一种类型。书写障碍分为获得性和发展性两种类型。获得性书写障碍指由于神经系统疾病或脑损伤（如脑外伤、脑肿瘤）导致的书写困难；而发展性书写障碍指智力正常的儿童在发育过程中出现书写技能落后于同龄儿童的情况。本章主要介绍发展性书写障碍。

书写障碍是一种学习障碍

 **链接场**

国内外的研究认为，书写障碍主要包括三种类型：视觉空间型、动作执行型和语言表达型。

视觉空间型：这种类型的儿童青少年在绘画和书写上都会出现困难，尤其是在抄写时会出现很大困难，表现为汉字笔画和偏旁正确，但空间位置不符合要求，字距、行距过大或过小，线条距离大小不均。

动作执行型：这种类型有不协调和失用两个主要特征。不协调书写障碍在抄写、听写和写作文时存在困难，书写速度慢。失用书写障碍在学习与年龄水平相对应的动作技能上有困难，表现为能够抄写和听写单个字母，但在书写汉字时字体的位置和方向发生改变，字迹潦草，无法辨认正确的字形。

语言表达型：这种类型可能表现出语言产生和理解困难，词汇使用困难，拼写困难和语法困难，表现为字形结构缺陷（笔画、偏旁的遗漏或添加）、字词错写（同音替代、近义替代）、语法错误（组句不能和语序混乱）。

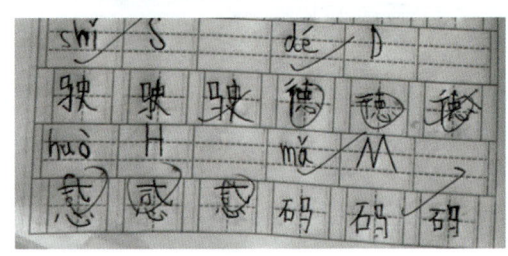

书写障碍儿童青少年的作业

二、书写障碍的影响

有 10%～30% 的儿童青少年会出现书写障碍，并且其表现在成年后的职业发展和日常生活中可能会持续存在，因此家长们对此应该重视。

（一）学业成就

在学龄前阶段，患有书写障碍的儿童会表现出书写时握笔姿势不佳，逃避书写或绘画任务，偏旁颠倒或字间距不一致等情况。在学龄阶段，书写障碍会表现出字迹难以辨认，在书面理解方面有困难,平时考试成绩受到影响。在青少年或成年早期,书写障碍会表现出在书面语言组织和句子结构方面存在困难,比如不能组句和语序混乱。

(二)心理健康

由于书写困难导致学习成绩变差,通常会让书写障碍儿童青少年焦虑情绪增加,出现较低的自我认知、较低的自尊和较差的社会功能,抗拒或回避学习,对作业问题撒谎或找借口逃避去学校,拒绝写作业,他们的书写训练机会越来越少,最终有可能形成拒绝上学的恶性循环。

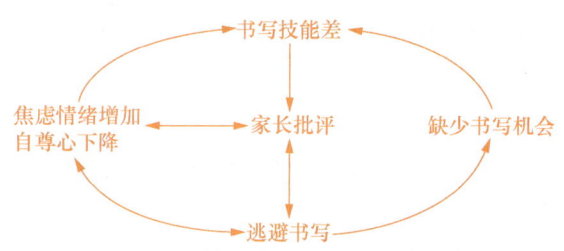

书写障碍影响心理健康

践行园

思考:您的孩子是否存在书写相关的问题?书写问题对孩子的学业成就、心理健康分别造成了什么影响?

第二节 书写障碍的病因

导读台

- 儿童青少年为什么会患书写障碍？
- 书写障碍和遗传有关系吗？

知识窗

目前对书写障碍的发生机制尚无明确的研究结论。可以从以下几个方面对书写障碍的发生机制进行了解。

第一，视空间加工能力存在缺陷。由于儿童青少年的视觉感知、空间位置感知等存在缺陷，在书写汉字时会出现笔画大小不一、增加或减少笔画等问题。

第二，动作技能加工能力存在缺陷。书写障碍儿童青少年缺乏良好的感觉运动、精细运动技能，其用笔姿势不正确，书写的字体歪斜。

第三，语言加工能力存在缺陷。书写障碍儿童青少年在语言产生和理解、拼写和语法等多方面存在困难，书写时的字形结构虽然正确，但并非书写任务所要求的字形，他们会使用同音替代、近义替代等替代方式来完成书写。

第四，在病因学研究中，基因的表达作用也逐渐引起了人们的关注。研究表明，人类15号和6号染色体上的基因表达可能与较差的阅读、拼写以及音位意识有关。

第三节　正确应对书写障碍

导读台

- 如何判断儿童青少年有书写障碍？
- 如何治疗书写障碍？
- 家长能做些什么？

知识窗

一、书写障碍的诊断

汉语发展性书写障碍是指儿童青少年的书写技能落后于同龄人，且书写困难影响了其日常的学校学习活动，进而导致其学业成绩显著落后。目前书写障碍的诊断主要是通过对家长及教育者进行访谈或问卷调查进行。

链接场

美国《精神障碍诊断与统计手册》（第4版）中关于书写障碍的诊断标准如下所述，谨供参考。

1. 根据个体的标准化测试（或书写技能评估）来衡量的书写技能，远远低于实际年龄、检测的智力、与年龄相匹配的受教育程度所预期的水平。

2. 第1条标准中的困难严重干扰了学业成就或需要

书面文字组成的日常活动（如书写语法正确的句子和有组织结构的段落）。

3.如果存在感觉系统的缺陷，在书写技巧方面的困难超过了与之相关的困难。

在美国《精神障碍诊断与统计手册》（第5版）中，书写障碍被定义为特定学习障碍伴书面表达受损。其诊断依据如下所述。

1.尽管针对这些困难存在干预措施，如存在至少一项下列所示的症状且持续至少6个月。

（1）拼写准确性方面的困难（例如，可能添加、省略或替代元音或辅音）。

（2）书面表达方面的困难（例如，在造句时犯多种语法或标点符号的错误；段落组织差；书面表达的思想不清晰）。

2.受影响的学业技能显著地、可量化地低于个体实际年龄所预期的水平，显著地干扰了个体的学业或职业表现或日常生活活动，且已被个体的标准化成就测评和综合临床评估确认。在17岁以上个体，其受损害的学习困难的病史可以用标准化测评代替。

3.学习方面的困难始于学龄期，但直到对受到影响的学业技能的要求超过个体的有限能力时才会完全表现出来（例如，在定时测试中，读或写冗长、复杂的报告，并且有严格的截止日期或特别沉重的学业负担）。

4.学习困难不能用智力障碍、未校正的视觉或听觉的敏感性、其他精神或神经病性障碍、心理社会的逆境、对学业指导的语言不精通或不充分的教育指导来更好地解释。

 **践行园**

案例：小明目前上小学三年级，聪明活泼，与老师同学相处融洽。但是随着学习难度的增加，他开始出现各种问题：握笔时手指过于接近笔尖，只用示指（也称食指）来运笔；作业写得歪歪扭扭、字体大小不一；生字偏旁易写颠倒，拼音分不清b和d；在书写时注意力非常不集中，但在不需要动笔的学习活动中注意力情况则好很多；写字速度慢，每天的作业都需要在老师和家长的督促下才能勉强完成。他在三年级的考试中，作文只写了一行半，成绩处于班级倒数第一，家长和老师多次耐心教育和鼓励后，以上问题仍存在。家长带他去医院进行智商测试，结果为韦氏智商92，处于中等水平。面对这样的情况，家长能做些什么？

解析：根据小明在学校的表现，我们发现他的书写主要存在以下几个问题：①握笔姿势不正确；②字体大小不一致；③字体空间结构颠倒；④字迹潦草；⑤写字速度慢；⑥注意力不集中。这些现象表明智力正常的小明在书写方面存在一定困难，并且明显落后于同龄人。书写困难影响了他在学校的学习活动，进而导致其成绩显著落后。这些现象符合书写障碍的诊断要求，所以家长应该提高警惕，及时带小明去相关机构就诊，在专业医生对小明的状态进行全面评估后，得出更为全面的判断并制订下一步的干预方案。

二、书写障碍的干预治疗

(一)学校可以提供必要的支持,以满足学生在教育环境中的需求

1. 根据学生的具体情况,调整家庭作业内容,尤其是与书写相关的作业。可以选择减少书写作业的数量;根据家庭作业的单一维度进行评分,比如根据作业内容或文字书写情况进行评分。

2. 对作业形式进行调整。家庭作业或课堂测试可以鼓励儿童青少年使用口头汇报进行,或者使用语音识别软件、平板电脑等电子设备替代书写过程。

3. 可以使用特定设备,如带有特殊手柄的较大铅笔和带有凸起线条的纸,以提供触觉反馈来促进书写任务的完成。

(二)家庭日常照料策略

1. 可通过游戏的方式来提高手部协调性和力量控制,包括追踪、玩黏土、手指敲击、摩擦、握手等练习。

2. 可将儿童青少年的注意力集中在与写作相关的动作上,例如观看动态的书写过程而不是静态书写作品,或使用不带墨水的笔。

家长为书写障碍儿童青少年提供积极的情感支持

3. 在进入初、高中阶段后,有书写困难的学生在面对写作中复杂的部分(包括计划、起草和修改文章等)时,可能还需要帮助。

4. 家长需要给予有书写障碍孩子积极的情感支持,帮助他们建立自信,激发书写动机,从而减少书写困难带来的负性情绪。

链接场

书写障碍的诊疗流程

儿童保健科、儿童精神科门诊就诊

↓

全面评估(发育状况、精神状况、书写障碍症状、家庭和学校支持系统)

↓

决定干预方案(行为治疗、社会心理干预)

↓

评估疗效并决定下一步治疗方案

(王文辰 钱秋谨)

第7章 发育性协调障碍

同龄的孩子都能够自己系鞋带、穿衣服、跳绳、玩轮滑，自家孩子却总是学不会，爸爸妈妈可能会觉得是孩子太小、过于依赖父母，有的时候还会觉得是不是爷爷奶奶太过于包办孩子的日常生活导致孩子缺乏生活技能。有这样孩子的爸爸妈妈需要注意了，因为这样的孩子可能存在神经发育问题。

发育性协调障碍（Developmental Coordination Disorder，DCD）是一种神经发育障碍，多表现为运动笨拙、运动技能缓慢和不精确，儿童青少年早期开始表现出运动异常。DCD在不同年龄段的表现存在一定差异，会严重影响儿童青少年的生长发育和身心健康。本章将带领大家了解DCD的表现、病因，以及诊断和治疗方法。

第一节 发育性协调障碍的概述

导读台

- 什么是发育性协调障碍？

知识窗

父母总是觉得自家孩子不如同龄小孩"聪明"，鞋带总是系不好，穿衣服需要反复教才能穿好，跑步时动作笨拙滑稽。当孩子出现上述表现的时候,父母需要警惕了,他们可能存在 DCD。

DCD 是一种起病于儿童时期的神经发育障碍,以运动动作笨拙、运动技能缓慢和不精确为主要表现,大运动和精细运动技能落后于正常发育水平,同时认知功能和社交技能基本正常。DCD 儿童期患病率约为 6%,男生多于女生(2~7):1,部分症状会持续到成人早期。常共患其他儿童期起病的神经发育障碍,如注意缺陷多动障碍、社交交流障碍、学习障碍。

DCD 在不同时期表现不同。在低年龄患儿,表现为独自坐立、独自行走和餐具使用困难;体育运动表现不佳,如跑步时步态笨拙、传球不准确;在组合智力玩具、集体游戏、书写等活动中,动作缓慢、准确性差。在年龄稍大的患儿,在骑自行车和驾驶汽车时表现出动作笨拙和协调性差。

上述表现会影响儿童青少年自我照料和社交能力的发展,同时会因运动问题引起的社交孤立更容易出现焦虑、抑郁等一系列心理问题。综上所述,DCD 对儿童青少年的生长发育危害巨大,严重影响儿童青少年的身心健康。

发育性协调障碍的运动表现

链接场

发育性协调障碍在不同场合的表现

在家里可以表现为：穿衣服、穿鞋、系鞋带、使用餐具、洗头发、洗澡困难，年龄较小的儿童在坐、爬、站、拉拉链时表现笨拙。

在学校可以表现为：握笔、剪纸、画画困难，写字、打字又慢又乱，有时候会从座位上跌下来，体育课表现很差，会撞到东西，跑步步态笨拙，平衡能力差，进行各种球类运动都会比较困难。

第二节 发育性协调障碍的病因

导读台

- 儿童青少年为什么罹患发育性协调障碍？

知识窗

DCD 的病因尚不清楚，通常认为是由多种因素导致。在遗传因素方面，DCD 可能与其他神经发育障碍有共同的易感基因。DCD 患者的父母中有 64% 患有神经发育障碍。在其他因素方面，研究发现，母亲孕期大量饮酒、胎儿早产、新生儿出生时体重过低及缺氧等因素可能与 DCD 发病有关。也有人提出，DCD 可能与神经生化改变、大脑顶叶损伤或小脑功能失调有关。男性早产儿罹患 DCD 的风险更高。

多元模型病因

该模型从个体、任务和环境限制三个方面及其相互作用的角度解释了 DCD 的可能病因。在个体方面，可以理解为患儿存在内部模型缺陷、执行功能缺陷、镜像神经元功能异常，导致其运动能力发育不良；在任务方面，考虑患儿主要在执行双重任务、精确和复杂任务方面存在准确性、速度和灵活性等方面的缺陷；在环境限制方面，考虑可能与环境中视觉线索减少、支撑面不平和背景噪声等干扰有关。

第三节 发育性协调障碍的诊断和治疗

导读台

- 如何判断儿童青少年是否罹患发育性协调障碍？
- 发育性协调障碍如何治疗？

知识窗

一、发育性协调障碍的诊断

目前主要依据 DSM-5 的诊断标准诊断 DCD。

1. 协调的运动技能的获得和使用，显著低于其相应生理年龄、技能学习和使用机会的预期水平，主要表现为动作笨拙、运动技能缓慢和不精确。

2. 运动技能缺陷显著持续地干扰了其生理年龄阶段相应的日常生活活动，显著影响了其学业成绩和学校表现、就业前教育、职业活动和休闲娱乐。

3. 症状发生于发育早期。

4. 运动技能的缺陷不能用智力障碍或视觉缺损解释，也无法归咎于某种神经系统疾病。

需要说明的是，年龄小于 5 岁的儿童一般不进行 DCD 的诊断。

 **链接场**

下表为正常儿童运动发育规律，如果孩子与同龄人相比存在运动发育延迟、动作笨拙，家长需要警惕。

大运动发展规律

年龄	大运动发展
3 个月	可保持头部立直，竖头稳定
4 个月	竖头时头部可自由转动
4~6 个月	会翻身
6 个月	可双手前撑坐
7 个月	可放手独坐
8 个月	可从俯卧位向坐位转换
9 个月	可完成腹爬，能扶物站立
10 个月	可手膝位四爬，可扶床栏行走

续表

年龄	大运动发展
12 个月	可独自站立
14 个月	可独自行走,能不扶物弯腰拾物
15 个月	可退后行走
18 个月	牵单手可上楼梯
2 岁	可跑步,会踢球,可自己扶栏杆上楼梯
2.5 岁	会独自上楼梯,会用脚尖行走
3 岁	可单足站立,可以蹬三轮车,能从高处向下跳

二、发育性协调障碍的评估工具

发育性协调障碍问卷(修订版)是国际公认的 DCD 筛查量表,适用于 5～15 岁年龄段的儿童青少年,主要评估儿童青少年的精细动作、运动控制能力、协调能力等,其他常用量表还包括儿童运动协调能力评估量表第 2 版(Movement Assessment Battery for Children-Second Edition,MABC-2)、Bruininks-Oseretsky 动作熟练度评测第 2 版、Peabody 运动发育量表、贝利

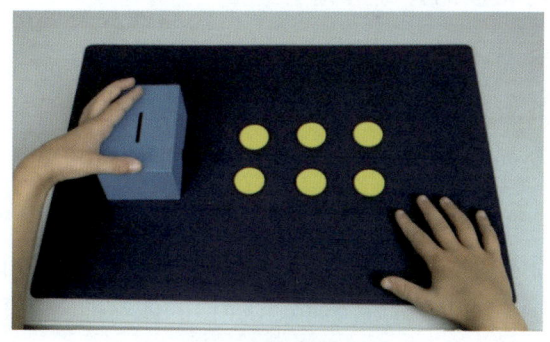

手部灵活性的评估

婴幼儿发育量表-Ⅲ筛查版等。还有专门用于评估患儿书写功能的工具，如书写能力筛查问卷和书写速度的细节化评估。

践行园

案例：小云是一名小学二年级的学生，平时总是给人"笨手笨脚"的感觉。她讨厌上体育课，跑步时动作笨拙，学不会打球，因为很多动作其他同学很快就学会了，可她怎么练都觉得很别扭，动作极不协调，为此她常常被其他同学嘲笑。小云也不喜欢上语文课，因为她不仅写字慢，而且写字还老是歪歪扭扭地写出格，为此没少挨老师的批评。回家写家庭作业也没少让家长费心，一点点的作业，写半天都还写不完，总是写了擦，擦了写。考试也常常因试卷都做不完导致成绩极不理想。

解析：小云目前存在动作笨拙、运动技能缓慢和不准确的问题，运动技能缺陷影响小云的日常生活和学习，需要考虑小云存在发育性协调障碍的可能。但是小云仍需要进行全面系统的检查，排除其他疾病可能，尽早得到相应的诊断和治疗。

三、发育性协调障碍的治疗和预后

（一）主要治疗方法

目前尚无药物可用于 DCD 的治疗，治疗主要以训练为主，主流的训练方式为感觉统合训练和改良的体育训练。①感觉统合训练：对患儿进行有计划和有步骤的训练，以提高他们对运动和

感觉统合训练

感觉的感知。②改良的体育训练:帮助患儿在没有压力的环境下进行身体锻炼和运动,如练习踢足球、投篮球。

(二) 其他治疗方法

目前 DCD 无针对性的治疗药物,且其多与注意缺陷多动障碍(ADHD)共病。有研究发现,哌甲酯在治疗 ADHD 的同时,也可提高儿童的精细动作和书写准确性,对粗大运动障碍也有改善效果,但是仍需进行更多的研究验证上述发现。

(三) 预后

DCD 预后欠佳,50%～70% 的协调性运动问题会持续到青少年期,甚至有些会持续到成年期。DCD 常共患其他神经发育性疾病,其共患病可能也会导致患者社会功能进一步下降和抑郁情绪加重。除了精神状态受到影响,DCD 也会增加肥胖、冠心病等躯体疾病的发病风险。

(岳鑫鑫 程嘉)

第 8 章 抽动障碍

活泼好动是儿童的天性，顽皮出怪样也不为怪。然而，不自主、无目的性、重复、快速地挤眉弄眼、努嘴、吸鼻、伸舌，甚至扭脖子、鼓肚子、耸肩、甩胳膊、蹦跳，或伴有嗓子发声、骂人，这就不是儿童的顽皮或"坏毛病"了，也不是沙眼、结膜炎、咽炎、扁桃体炎，而是近年来逐渐增多的一种儿童发育疾病——抽动障碍。

第一节 抽动障碍的概述

导读台

- 什么是抽动障碍？
- 抽动障碍有哪些类型？
- 抽动障碍对儿童青少年有什么影响？

知识窗

一、抽动障碍的定义及分类

抽动障碍（Tic Disorder，TD）俗称"抽动症"，是起病于儿童期或青少年期（目前亦发现极少数患者起病于成年期），以不

第8章 抽动障碍

自主、反复、快速的一个或多个部位运动抽动和（或）发声抽动为主要特征的一组综合征，包括短暂性抽动障碍、慢性运动或发声抽动障碍、发声与多种运动联合抽动障碍［图雷特综合征（Tourette Syndrome，TS），旧称"抽动秽语综合征"］。

抽动障碍是儿童青少年中较为常见的一种障碍。据报道，5%～20%的学龄儿童曾有短暂性抽动障碍病史，慢性运动或发声抽动障碍在儿童青少年期的发病率为1%～2%，图雷特综合征的患病率为0.05%～3%，以男孩为多。

链接场

抽动障碍临床表现多种多样，概括起来主要有以下三类。

1. 短暂性抽动障碍 又称暂时性抽动障碍，是最常见的一种抽动障碍类型。以单纯性或一过性肌肉抽动为特征，一般以眼肌、面肌和颈部肌肉抽动最为多见。该类型以3～8岁为多发年龄，常见症状表现为反复眨眼、噘嘴、摇头、歪颈、斜视、耸肩、皱额、吸鼻、张嘴或肢体甩动及躯干扭动等。这种类型病程不超过1年。国外报道，有10%～24%的儿童在某一时期会出现短暂的抽动。国内报道的发病率为1%～7%，以男孩为多。

2. 慢性运动或发声抽动障碍 表现为简单或复杂的运动抽动（某些肌群的抽动）或发声抽动，但运动抽动和发声抽动两种症状不同时存在。一般以运动抽动为多见，症状往往持久、刻板不变。病程至少持续1年以上，在有些患者甚至可持续一生。

3. 发声与多种运动联合抽动障碍 其特点是患者在抽动的同时伴有发音肌群的抽动，发出有意义或无意义的声音，经常说脏话，患者为此很痛苦。这种类型还常伴有模仿动作、模仿言语、重复言语、强迫动作或猥亵行为。患者有时情绪不稳，多动及不良行为习惯较多，常导致自身的心理困扰，甚至影响日常生活和学习。

短暂性抽动障碍

二、抽动障碍有什么影响？

对于抽动障碍患儿来说，及时有效的治疗极为重要。但不少父母对此类障碍存在认知上的错误。这些认知上的错误导致的唯一结果就是延误最佳治疗时机，使孩子受到实质性的多方面影响。这些影响综合起来包括如下方面：继发学习困难、影响个性发展、社会退缩和社交障碍、给家庭带来不良影响和负担。

践行园

思考：儿童青少年是否存在抽动障碍？抽动障碍对儿童青少年是否造成不良影响？

第二节　抽动障碍的病因

导读台

- 儿童青少年为什么会患抽动障碍？
- 抽动障碍和心理社会因素有关系吗？

知识窗

一、抽动障碍的病因

抽动障碍的病因复杂，包括多基因因素和非遗传因素，非遗传因素有诸如环境因素和免疫因素等。目前研究表明，抽动障碍与遗传因素有关，双生子及家系研究显示，抽动障碍存在明显的家族聚集性，其遗传度为 0.77。母亲围生期因素（感染、缺氧、母亲压力、吸烟等）为可能的危险因素。

二、抽动障碍与心理社会因素

抽动障碍与心理社会因素有关。儿童青少年受到精神创伤、过度紧张、压力大、情绪不良等因素可能诱发或加重抽动症状。有人认为，母亲孕期遭受某些应激事件、妊娠前3个月反应严重是导致子代发生抽动障碍的危险因素；出生后的应激事件也会增加有遗传易感性的个体的发病风险。

践行园

思考：抽动障碍容易遗传吗？抽动障碍与心理因素有关吗？

第三节　正确应对抽动障碍

导读台

- 如何判断儿童青少年是否罹患抽动障碍？
- 如何治疗抽动障碍？
- 家长能做些什么？

知识窗

一、抽动障碍的诊断

临床诊断依赖于详细的病史询问、体检和相关辅助检查。医生应与患儿直接交流，观察其抽动和一般行为表现，了解其症状的主次、范围、演变规律及发生的先后过程。抽动障碍的诊断目前仍以临床表现诊断为主，需要由专业医生做出诊断。具体诊断标准可参照2013年美国《精神障碍诊断与统计手册》（第5版）（DSM-5）中抽动障碍的诊断标准。

链接场

抽动障碍容易误诊吗？

自1825年Itard最早报道抽动障碍至今已有近200年历史，但我国学者真正研究抽动障碍却是近几十年的事情。在几十年甚至十几年前，人们根本不把抽动障碍当成一种疾病。即使是现在，许多人也仅仅认为这是一种不良习惯，是一种坏毛病。这种情况在临床上非常多见，许多儿童青少年在症状出现之初，都没有引起父母重视，或是被当成咽炎、眼结膜炎等症状。

二、抽动障碍的治疗

抽动障碍的治疗原则有以下几点：全面评估患者的抽动症状、共患症状及疾病，评估患者的心理、社会、教育、成长史及家庭环境；在全面评估的基础上确立治疗方案；定期评估疗效与不良反应；建立医患治疗联盟，提高治疗依从性；尽可能改善预后。

抽动症的治疗包括三个阶段：症状较轻者主要采用心理教育和行为治疗的方法（第一阶段）；当抽动导致身体或心理社会障碍时，需要药物干预联合行为治疗（第二阶段）；当第二阶段治疗无效或效果不佳时，可尝试深部脑刺激治疗或肉毒素治疗（第三阶段）。药物治疗疗程一般为数月或1～2年，在减量的基础上逐渐停药。

链接场

抽动障碍的饮食及环境治疗

除药物和心理治疗外，还应注意妥善安排患儿的日常作息时间，避免过度紧张疲劳，适当参加一定的体育和文娱活动，使其尽量处于一种轻松愉快的环境之中。食物添加剂等可促使患儿发生行为问题，包括活动过度和学习困难。含咖啡因的饮料可加重抽动症状。因此，患儿应避免食用含食物添加剂、色素、咖啡因和水杨酸等的食物。

三、家长应注意什么？

建议家长在为抽动障碍孩子寻求正规治疗的同时，还要坚持"三不"原则，即不关注、不批评、不安慰。如果孩子经常受到家长关注、责骂或被老师批评、同学嘲笑，会使其身心发展受到巨大伤害。当然，家长自己也要放轻松。

抽动障碍患儿的智力一般都正常，故家长应让其上学，但要注意学习负担不要过重，不要对患儿提一些不切实际的要求，比如要求各门功课达到多少分以上。患儿可参加学校组织的各种活动，也可参加体育活动，

接纳和包容有抽动障碍的儿童青少年

但要注意运动不要过量，有一定危险的活动应有人在旁边照看。当患儿的抽动发作特别频繁、用药不能控制或同时伴发比较严重的行为问题时，应让患儿暂时停学一段时间，待其抽动症状明显减轻或基本控制后再继续上学。

家长应了解抽动障碍的发病特点，对患儿的抽动和发声症状给予理解和宽容，鼓励患儿融入同龄人中。例如，让孩子与同伴进行各种各样的游戏交往，学会合作、谦让、为别人着想、讲礼貌等。家长应帮助患儿获得同伴的接纳，并帮助患儿获得与这些集体活动的成败及其社会评价有关的自我意识、道德感、价值观等的发展。

践行园

抽动障碍常见的行为治疗方法中哪种最靠谱？

行为疗法是一种减轻或改善患者症状及不良行为的干预技术，具有安全性高、不良反应小、易操作、疗效确切等特点。目前多种类型的行为干预措施已应用于治疗抽动障碍患者，主要包括正性强化法、消退法、密集练习法、放松训练法、认知行为疗法、习惯逆转训练、暴露与反应预防、综合行为干预等。但是，只有习惯逆转训练和综合行为干预被认为是最有效的行为疗法，也是被研究最多、应用最广泛的行为治疗方法。事实上，综合行为干预的核心也是习惯逆转训练。

（崔永华）

第二篇

情绪问题

第 9 章　抑郁障碍

抑郁障碍是最常见的精神障碍之一，重性抑郁障碍是抑郁障碍的一种典型状况，也是世界疾病负担的主要原因。目前，抑郁障碍影响着全球约 3 亿人，其中 5%～17% 的人一生中至少患过 1 次这种疾病，给医疗和社会经济带来了沉重的负担。因此，若能通过加大抑郁障碍的科普教育力度，早发现、早治疗，则有利于提升抑郁障碍的康复率，减少其对人们身心健康及社会的危害。

第一节　抑郁障碍的概述

导读台

- 什么是抑郁障碍？
- 抑郁障碍有哪些常见类型？
- 抑郁障碍有什么表现？

知识窗

儿童青少年总是心情低落、兴趣下降、精力减退、烦躁易怒、回避社交、注意力不集中、体重改变、失眠或嗜睡、身体不适（头痛、腹痛、心慌、胸闷等）、成绩下降或不愿上学，反复于内外科就诊却寻不着病因时，家长应当有所警惕——儿童青少年是否罹患抑郁症?

一、抑郁障碍的定义及分类

抑郁障碍是最常见的精神障碍之一，以显著、持久的心境低落为主要特征；其基本临床表现为情感低落（与其处境不相称）和兴趣缺失，伴有相应的认知和行为改变，可伴有精神病性症状，如幻觉、妄想；疾病有反复发作倾向，间歇期缓解，部分患者可有残留症状或转为慢性。

不同的分类系统对抑郁障碍的分类不同。据美国《精神障碍诊断与统计手册》（第5版）（DSM-5），抑郁障碍主要包括重性抑郁障碍、持续性抑郁障碍（心境恶劣）、破坏性心境失调障碍等亚型。

重性抑郁障碍是抑郁障碍的一种典型状况，表现为符合抑郁发作标准至少2周，有显著的情感、认知改变和自主神经症状并在发作间期有所缓解。

抑郁障碍患儿心境低落、形单影只

 **链接场**

抑郁情绪不等于抑郁障碍

人都会有各种各样的情绪,快乐、愤怒、悲哀、恐惧是人的基本情绪,生来就有,而抑郁情绪是其中一种。

正常的抑郁情绪发生是基于一定的客观事由(如被批评、考试失利),持续时间短,可以自行恢复,即情随境迁,对人影响不大。

抑郁障碍则是病理性的抑郁,是一种心理疾病,通常无缘无故地发生,或者虽有不良因素,但不足以解释病理性抑郁表现,且抑郁症状显著而持久(至少2周,甚至长达数年),严重影响生活的方方面面,小到洗脸刷牙,大到工作学习。

抑郁障碍患者眼中的自己

抑郁障碍通常最初发生在青春期,可能在成年后持续或复发。有研究显示,40%的人在20岁之前经历了第一次抑郁发作,平均发病年龄在 25 岁左右。与男生相比，青春期女生的抑郁障碍发病率是男性的 2 倍，抑郁发作也更严重。青春期的抑郁可预测成年后的抑郁和焦虑，大多数受影响的成年人在青春期出现第一次抑郁发作。

二、抑郁障碍的表现

青少年抑郁障碍的核心症状与成人抑郁障碍基本一样，但由于青少年抑郁障碍具有其年龄特征，与非病理性情绪行为具有相似性，往往难以分辨。抑郁障碍的症状可大致分为情感症状、认知症状和自主神经症状，由于这些症状也经常出现在其他精神疾病和医学疾病中，因此很难发现。

（一）情感症状

1. 情绪低落　　患者常感到抑郁、悲伤、绝望、沮丧或情绪低落，低落的情绪几乎每天存在，一般不随环境变化而变化。这种情绪体验与患者所处的环境不协调，甚至是格格不入。例如，在大家都很快乐的时候，患者常常面容愁苦、唉声叹气、忧心忡忡，甚至无故流泪。有部分患者会在公众场合刻意掩饰他们内心的痛苦，故作轻松和愉快，这类抑郁被称为"微笑型抑郁"，这类患者因其发病隐匿往往危险性更高。

微笑型抑郁

在某些情况下，患者一开始可能不表现出悲伤，而是越来越易怒。例如，持续愤怒、对事件的反应倾向于愤怒或责备他人、容易放大因小事产生的挫败感。在儿童青少年中，可能会出现急躁或暴躁的情绪，而不是悲伤或沮丧的情绪。这种表现应当与受挫时的易怒模式区分开。

2. 兴趣减退或快感缺失　患者对以往爱好不再感兴趣、不再关心，或在以前认为令人愉快的活动中感觉不到任何乐趣。家庭成员经常会注意到他们回避社交，或者忽视以往感兴趣的业余爱好。例如，一个曾经喜欢踢足球的儿童青少年找借口不去练习。

3. 无价值感或过分内疚　患者不能客观地看待自己和事物，经常将日常无关紧要的事件误解为自己的过失或错误，总会过度放大自己的错误，夸大自己对不良事件的责任感。例如，坚信自己对他人的不幸负有责任。

4. 自杀想法、计划或行为和自伤行为　患者可能只是被动地希望自己早上不要醒来，或者相信如果自己死了，其他人会过得更好，也可能是短暂但反复出现的自杀想法，或是特定的自杀计划，甚至是已采取过自杀行为。自伤行为是指抑郁障碍患者常常反复出现伤害自己的行为。

（二）认知症状

1. 注意力不集中、犹豫不决　患者思考能力、注意力、决断力受损，变得很容易分心、难以做决定或记忆困难。在儿童青少年中，成绩的急剧下降可能反映了注意力不集中。

2. 精神运动性激越或迟缓　激越表现为心神不宁、静坐不能、踱步、搓手、咬嘴唇或小动作多、拉扯或摩擦衣服等；迟缓表现为语速慢、动作慢、思考困难，回答问题前的停顿增加，言语数量、音量减少或沉默。有些患者的情绪症状不明显，主要以认知症状为主。

（三）自主神经症状

1. **疲惫或精力不足**　患者常感到疲乏无力且休息后无法缓解，常有"力不从心"的感觉，虽然想努力把事情做好，但总是坚持不下去。这种无力感一开始只是针对稍微复杂的学习和工作，渐渐地会覆盖到简单的日常功能，例如洗脸、刷牙都会觉得异常困难。

2. **失眠或睡眠过度**　失眠常表现为入睡困难、睡眠维持困难（觉醒次数增多、多梦、醒后难再入睡）、早醒。早醒是抑郁障碍的特征性失眠形式。睡眠过度表现为睡眠时间延长，睡后没有"清爽"或精力、体力恢复的体验。睡眠节律紊乱。

3. **体重/食欲增加或减少**　抑郁患者食欲下降很常见，轻者食之无味，重者完全丧失进食欲望，体重明显下降，导致营养不良，

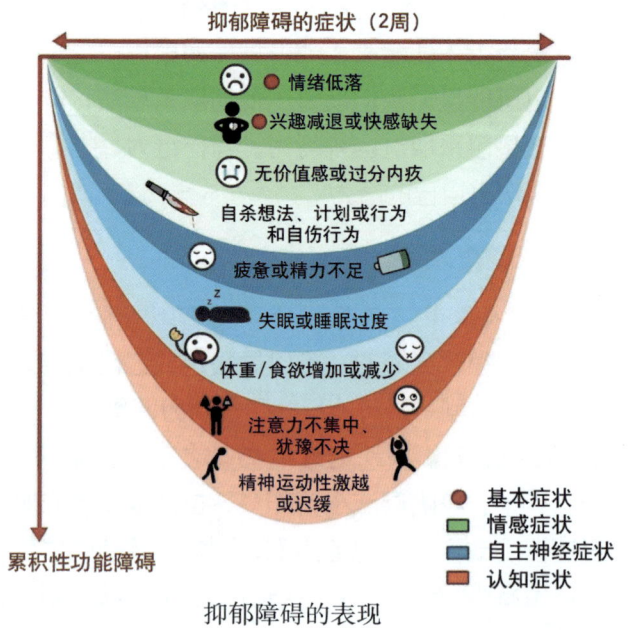

抑郁障碍的表现

儿童青少年会因此出现生长发育受损。不典型的患者会出现食欲亢进或体重增加,似乎暴饮暴食可以暂时缓解他们的抑郁情绪。

践行园

思考:抑郁障碍对儿童青少年有什么影响?

第二节 抑郁障碍的病因

导读台

- 儿童青少年为什么会患抑郁障碍?
- 儿童青少年患病和家庭有关系吗?

知识窗

抑郁障碍是与生物、心理、社会等因素密切相关的多因素疾病,其病因复杂,尚无定论。

一、生物因素

抑郁障碍患者亲属,特别是一级直系亲属,罹患抑郁障碍的风险是一般人群的2~10倍。早发和反复发作的抑郁障碍患者有明显的家族聚集性。与正常人群相比,抑郁障碍患者存在神经生化及神经内分泌系统功能改变,大脑中调控情绪的神经回路存在结构和功能异常。

二、个体内在因素

人格特征中具有较为明显的焦虑、强迫、冲动等特征的个体更容易发生抑郁障碍。例如，过分疑虑及谨慎，追求完美，对自我期望过高，道德感过强，刻板和固执；或者表现为持续和泛化的紧张感与忧虑；或者在社交场合总过分担心会被别人拒绝；或者回避那些与人密切交往的社交或职业活动等。

三、心理社会因素

负性生活事件，如失恋、失业、考试失利、早年创伤、严重的躯体疾病、家庭成员患重病或突然病故，均可导致抑郁障碍的发生。应激性生活事件是抑郁障碍的主要危险因素。长期的不良处境或不良慢性心理刺激，如家庭关系差、情感忽视、家庭暴力、家庭教养方式不良、家庭贫困、慢性躯体疾病，也与抑郁障碍的发生有关，这些不良因素可以形成叠加致病作用。

第三节　正确应对抑郁障碍

导读台

- 如何判断儿童青少年是否罹患抑郁障碍？
- 如何治疗抑郁障碍？
- 家人能做些什么？

知识窗

当儿童青少年出现了各种与抑郁障碍相关的症状时,家长需要提高警惕,尽早带儿童青少年前往专业的医疗机构进行系统评估。

一、抑郁障碍的评估

DSM-5 推荐使用患者健康问卷(Patient Health Questionnaire-9,PHQ-9)作为抑郁障碍严重程度的评估工具。该问卷仅有 9 个条目,作为自评量表使用方便、信效度好,更适合在临床实践中常规使用。详见下表。

患者健康问卷(PHQ-9)

在过去两个星期,您有多少时间被以下问题所困扰?	完全不会	有几天	一半以上的天数	几乎每天
1. 做什么事都感到没有兴趣或乐趣	0	1	2	3
2. 感到心情低落	0	1	2	3
3. 入睡困难、很难熟睡或睡眠过多	0	1	2	3
4. 感觉疲惫或没有活力	0	1	2	3
5. 食欲不振或吃太多	0	1	2	3
6. 感觉自己很糟或觉得自己很失败,或让自己或家人失望	0	1	2	3
7. 对事物专注有困难,例如阅读报纸或看电视	0	1	2	3
8. 动作或说话速度缓慢到已被别人察觉或正好相反,烦躁或坐立不安、动来动去的情况多于平常	0	1	2	3
9. 有不如死掉或用某种方式伤害自己的念头	0	1	2	3

患者健康问卷（PHQ-9）结果解析

分值	结果分析	建议
0～4分	没有抑郁	注意自我保重
5～9分	可能有轻度抑郁	提供心理咨询服务
10～14分	可能有中度抑郁	转介医疗机构
15～19分	可能有中重度抑郁	转介医疗机构
20～27分	可能有重度抑郁	转介医疗机构

链接场

抑郁障碍的诊疗流程：精神科门诊就诊→全面评估（躯体状况、抑郁综合征状况、风险、家庭社会支持系统）→决定治疗场所（综合医院、精神科门诊、精神科住院）→一般治疗、精神科治疗、社会心理干预→评估疗效并决定下一步治疗方案。

注意抑郁障碍自杀的风险：自杀是抑郁障碍最严重的后果，包括自杀观念、企图和自杀行为，其中实施自杀行为是严重抑郁的标志。有10%～15%的患者最终会选择以自杀的方式来结束自己的生命，这会给社会和家庭带来了巨大的负担。

践行园

案例：青青今年16岁，5个月前感到学习压力大，常莫名感到悲伤，易哭泣，独处增多，不想与人交流，对什么都不感兴趣，不愿参加集体活动，对以前爱吃的饭菜也觉得没有胃口，5个月体重下降6千克。主诉浑身没劲，烦躁易怒，上课无法专心听讲，学习成绩下降得厉害，为此觉得对不起家人。

思考：1. 是否考虑青青存在抑郁障碍？依据是什么？
2. 青青目前的状况需要看医生吗？

二、抑郁障碍的治疗

抑郁障碍的治疗应始终以综合治疗为原则，包括一般治疗、药物治疗和心理治疗，必要时需结合物理治疗。治疗目标在于尽可能早诊断，及时规范治疗，控制症状，提高临床治愈率，最大限度减少病残率和自杀率，防止复发。

（一）一般治疗

一般治疗包括减少或停止可能降低情绪的药物、制订睡眠计划、调整生活方式（如戒烟、定期锻炼、健康饮食）。

（二）药物治疗

药物治疗是抑郁障碍的主要治疗方法，首选安全性高、疗效好的第二代抗抑郁药，需保证足量、足疗程治疗。

（三）心理治疗

心理治疗包括认知行为疗法（Cognitive Behavioral Therapy，CBT）、人际心理治疗（Interpersonal Psychotherapy，IPI）、支持性心理治疗、动力学心理治疗等，大量研究证明，CBT、IPI 对青少年抑郁有效。

（四）物理治疗

物理治疗常采用重复经颅磁刺激（repeated Transcranial Magnetic Stimulation/repetitive Transcranial Magnetic Stimulation，rTMS）治疗和改良电休克治疗（Modified Electro-convulsive Therapy，MECT）。

三、家人在抑郁障碍治疗中的作用

抑郁障碍治疗的前提是建立共同致力于患者健康的联盟，建立治疗联盟需要对患者家属进行疾病相关知识的教育，使其能够清楚地认识疾病，并对疾病的严重性有足够的认识。这有助于家人理解患者，营造良好的家庭氛围，减少患者对疾病的羞耻感，帮助患者树立疾病可治愈的信心，同时督促患者接受规律科学的治疗，确保患者和家属在治疗过程中与临床医生保持一致。当临床医生与家人讨论青春期抑郁障碍时，需要意识到文化对心理健康的影响。

（周新雨　张丽）

第 10 章　焦虑障碍

焦虑是每个人都会体验的情感状态，但随着年龄的增长，有的儿童青少年开始变得离不开家人、害怕跟同龄人交往、整日忧心忡忡，或者对特定的场景或物品"敬而远之"……面对这种状况，不仅儿童青少年自己痛苦难耐，家长也愁眉不展，整个家庭都会感到巨大困扰。多数时候，家长会问："我的孩子怎么了？"

第一节　焦虑障碍的概述

导读台

- 什么是焦虑障碍？
- 焦虑障碍有哪些类型？

知识窗

一、焦虑障碍的定义

焦虑是人类在应对外界压力过程中发展起来的基本情感反应，很多儿童青少年在成长的过程中都会体会到某种程度的焦虑：婴幼儿会害怕吵闹的声音；稍大的儿童会害怕想象中的鬼怪、黑暗、噩梦等，需要家人的陪伴；青少年则会害怕具体的事物，同时也存在对伤害和意外的警惕。到了青春期，社交和自我形象则会成为青少年关注的焦点。正常的焦虑可以提高人的"危机意识"，以应对外界的刺激和压力；但如果焦虑持续存在，严重超过了个体生理及心理的压力适应范围，影响到个人的学习、生活及人际关系，则形成了焦虑障碍。

焦虑障碍是儿童青少年中最常见的情绪障碍。有荟萃分析显示，国际上儿童青少年焦虑障碍的患病率为6.5%。国内调查显示，我国青少年焦虑障碍的患病率为4.7%。焦虑障碍可使儿童青少年长期陷于高度的不愉快之中，严重影响个体的生活、学习和人际交往。

二、焦虑障碍的分类

儿童青少年焦虑障碍包括分离焦虑障碍、选择性缄默症、广泛性焦虑障碍、社交焦虑障碍、惊恐障碍、广场恐惧症、特定恐惧症等。其中分离焦虑障碍、选择性缄默症及特定恐惧症（如学校恐惧症）等仅发病于儿童期，多在少年期以后缓解；而广泛性焦虑障碍、惊恐障碍、社交焦虑障碍可能持续到成年早期甚至更晚，影响患者的正常心理发育、学业和人际交往。

战斗或逃跑反应

美国心理学家Walter Cannon在1929年发现，个体在应激情况下，大脑杏仁核会被即刻激活，同时肾上腺素会快速释放到到四肢血液中，使呼吸、心跳加快，血液流动增加，瞳孔放大，进而为个体采取快速行动做准备。这种由肾上腺素引起的反应又被称为战斗或逃跑反应，以快速应对近在眼前的危机情境。

然而，战斗或逃跑反应仅适用于处理急性应激，因为这时的大脑杏仁核被激活，而负责理智脑的皮质系统会被抑制。如果个体长期面对慢性压力，持续使用这一策略，则这种持续的应激状态会使个体被情绪操控，难以进行理性思考、做出决策。

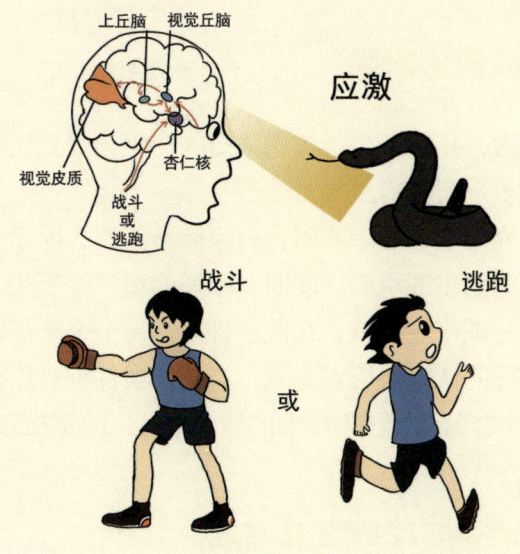

战斗或逃跑反应

第二节 焦虑障碍的病因

导读台

- 儿童青少年为什么会罹患焦虑障碍？
- 焦虑障碍和家庭教养方式有怎样的关系？

知识窗

一、焦虑障碍的病因

一般认为，儿童青少年焦虑障碍的产生会受到生物、心理及社会因素的多方面影响。

家系研究发现，焦虑障碍具有家族聚集性，提示遗传因素参与了个体患病的生理基础。同时，早期的童年经历和养育环境也会对个体的心理产生影响。在此基础上，每个个体在特定的情境下会产生不同的认知及应对方式，当上述条件相互重叠积累到一定程度时，个体就会产生对压力的适应不良，进而发生焦虑障碍。

二、焦虑障碍与家庭教养方式

家长是儿童青少年在家庭中的主要照料者，亲子之间的互动模式会影响到孩子的情绪和行为，孩子也会模仿父母应对压力的反应模式。如果父母对孩子的照料面面俱到，过度保护孩子，可能会使孩子缺少了独立自主的空间；如果家长常常在孩子面前夸大可能的危险及伤害，或者压抑自己的情绪，那孩子也会逐步习得这些恐惧反应模式或采取回避性的行为反应，这些反应模式短期内可能会迅速降低孩子的焦虑情绪，但长期却会带来更多的不良影响。

"压抑情绪"和"面面俱到"

践行园

思考：您的孩子是否存在焦虑情绪？如果有，孩子是如何应对焦虑情绪的？作为家长，您是如何应对孩子的焦虑情绪的？

第三节　正确应对焦虑障碍

导读台

- 儿童青少年焦虑障碍如何评估与治疗？
- 面对有焦虑障碍的孩子，家长能做些什么？

知识窗

一、焦虑障碍的临床评估

诊断儿童青少年焦虑障碍，需要结合患儿的临床表现与主观体验来进行综合评估。根据《精神障碍诊断与统计手册》（第5版）（DSM-5），儿童青少年焦虑障碍包括分离焦虑障碍、选择性缄默症、广泛性焦虑障碍、社交焦虑障碍、惊恐障碍、广场恐惧症、特定恐惧症等。

链接场

不同的焦虑障碍，如何鉴别？

儿童青少年焦虑障碍的核心特征是存在过分焦虑、担心、害怕等主观体验，并伴有相应的认知、行为改变和躯体症状。不同焦虑障碍具有不同的特征，需要加以鉴别。

惊恐障碍患者的焦虑与害怕主要聚焦于发作的可能后果及再次惊恐发作。

广场恐惧症患者恐惧的焦点是害怕在某些场所或情境难以逃脱或令人尴尬。

分离焦虑障碍、社交焦虑障碍、特定恐惧症等均有一个特定的害怕及回避的焦点，即与主要依恋对象的分离、暴露于可能被他人密切关注的情境，以及暴露于令人害怕的物体或特定情景等。

广泛性焦虑障碍的焦虑对象则是不明确的，其特点是存在与慢性焦虑相伴随的对意外事件的过度忧虑，常伴随精神运动性不安与一系列的自主神经系统症状。

二、焦虑障碍的治疗

儿童青少年焦虑障碍应始终以综合治疗为原则,包括一般治疗、药物治疗和心理治疗等。治疗的目标在于促进患儿的临床症状缓解、促进患儿的社会功能恢复,减少复发。

在一般治疗方面,重点在于加强心理教育,提高患儿及家属对焦虑障碍的认识,建立治疗联盟。

在药物治疗方面,5-羟色胺选择性重摄取抑制剂(Serotonin-Selective Reuptake Inhibitor,SSRI)、5-羟色胺-去甲肾上腺素再摄取抑制剂(Serotonin-norepinephrine Reuptake Inhibitor,SNRI)、$5-HT_{1A}$ 受体激动剂、苯二氮䓬类药物等均是治疗的药物选择,需在医生的指导下进行,足量、足疗程治疗。

在心理治疗方面,认知行为疗法(CBT)、基于正念的心理治疗(如 MBSR、MBCT)、动力学心理治疗等都是有效的治疗方案。

链接场

认知行为疗法

认知行为疗法(CBT)是儿童青少年情绪障碍治疗的重要干预手段,60%~70%的患者可通过 CBT 显著减轻焦虑症状。

认知理论是 CBT 的基础,该理论认为适应不良的思维、负性情绪反应和消极的应对方式会互相影响,形成恶性循环,带给个体显著的影响。在治疗过程中,CBT 可以通过认知矫正、情境性情绪暴露及积极行为应对等技术的学习,打破"适应不良思维—负性情绪—消极应对"的恶性循环,帮助患者减少消极的情绪。

三、家长可以做些什么？

首先，家长可以通过接受心理教育对焦虑障碍有所认识，进而提高对焦虑障碍症状的识别，协助儿童青少年一起接受药物及非药物治疗。

其次，家长可以在医生的指导下，对其家庭教养方式进行探索，寻找到可能影响或维持儿童青少年不良情绪的家庭因素，如家长的批评、指责，对儿童青少年的过度保护，家长自己应对负性情绪的不良方式等。在此基础上，家长可以多陪伴儿童青少年，改善亲子关系，学习科学、理性的养育方式，给予儿童青少年支持与鼓励，共同促进疾病的改善。

良好的家庭关系和亲子关系有助于改善焦虑障碍

践行园

案例：凯凯今年13岁，刚上初一，发现他在班级里非常害羞，不敢当着老师同学的面回答问题。平时在学校没有朋友，他不愿参加任何社团活动和体育活动，问凯凯原因，说是在人多的场合就感到紧张、焦虑。凯凯的爸爸妈妈非常担心凯凯交朋友的事情，很多时候都会保护着凯凯，有时候看到凯凯在别人面前感到紧张，就会打圆场，跟朋友们说"我家孩子太害羞了"，并尽量少带凯凯外出。

思考：面对上述的情况，如果您是凯凯的家长，您有哪些考虑？您会怎么做？

（潘美蓉　程文红）

第 11 章　强迫障碍

儿童青少年反复洗手，担心污染，不确定做过的事情，重复整理书和排序各类东西，反复地阅读或书写，作业重复涂抹或反复地检查，重复各类奇怪的小动作，重复计数，反复触碰某个东西，反复回忆事情的细节，关注自己认为不该看的东西，脑子中有各类吉凶的判断，担心做事做不好会让父母有生命危险，反复联想不好的事情，各类画面、影像、声音等讨厌的体验涌进大脑，纠结一些无意义的问题……

——儿童青少年可能患上了强迫障碍？

第一节　强迫障碍的概述

导读台

- 什么是强迫障碍？
- 强迫障碍有哪些表现？

一、强迫障碍的定义

强迫障碍是一种以反复持久出现的强迫思维或强迫行为为基本特征的神经症性障碍。强迫思维是以刻板的形式反复进入患者意识领域的表象或意向，强迫行为则是反复出现的刻板行为或仪

第 11 章 强迫障碍

强迫障碍的各类表现

式动作。患者明知这些思维及动作没有现实意义,没有必要,是多余的,患者有强烈的摆脱欲望,但却无法控制,因而感到十分苦恼。

 **链接场**

强迫相关障碍

强迫相关障碍包括躯体变形障碍、嗅觉牵涉障碍、疑病障碍、囤积障碍、躯体相关的重复障碍(拔毛障碍、皮肤搔抓障碍)。它们和强迫症相互独立又有一定关系。

躯体变形障碍:儿童青少年对轻微的或自己想象出的外表缺陷予以过分关注。

嗅觉牵涉障碍:儿童青少年坚信自己有一种令人厌

恶的体味，即使自己并没有。这妨碍了他们的社交行为，导致他们反复做一些事情，比如过度淋浴、刷牙或闻自己。

疑病障碍：担心或相信患有一种或多种严重躯体疾病，患者诉躯体症状，反复就医，尽管经反复医学检查显示阴性，以及医生给予没有相应疾病的医学解释，也不能打消顾虑。

囤积障碍：不顾物品的实际价值而将其积攒在自己居住的地方，造成生活区域杂乱不堪。

拔毛障碍：以反复拔除自己或他人的毛发为主要表现的一种疾病，导致斑秃或脱发。

皮肤搔抓障碍：反复搔抓皮肤而造成皮损，常见部位包括面部、手臂及手。

世界范围内报道的强迫障碍终生患病率为0.8%～3.0%，儿童强迫障碍的患病率为2%～4%。大概每100个小孩里就有3～4名强迫障碍的儿童青少年，一点也不少见。1/3在15岁以前起病，平均起病年龄为7.5～12.5岁。约20%的强迫障碍患者在10岁或更早的年龄出现强迫症状。男女比为3∶2。

二、强迫障碍的表现

儿童青少年强迫障碍的典型表现与成人一样，但是表现的形式上带有发展和多变的特点。甚至有的儿童青少年将强迫症状当作秘密隐藏起来，导致疾病的隐蔽性强。

（一）强迫行为

强迫障碍儿童青少年一样会表现出强迫清洁、强迫计数、强迫性仪式动作、强迫检查等行为。如果不让患者重复这些动作，患者会感到焦虑不安，甚至发脾气。但是儿童青少年患者并不像成年患者那样，有明显的内心矛盾和焦虑不安。儿童青少年对自己的强迫行为并不感到苦恼和伤心，只不过是刻板地重复这些行为而已。严重时会影响睡眠、社会交往、学习效率、饮食等多个方面。

替代性强迫行为和感应性强迫行为是儿童青少年强迫障碍中较为特殊的强迫症状。

替代性强迫行为：儿童青少年不但自己有强迫行为，还要求父母或其他关系密切的亲属来完成他/她的强迫行为，如要求父母反复地检查、重复地洗涤等。有些年龄较小的儿童自身强迫行为并不严重，而代之让父母或祖父母强迫地重复他/她想强迫的内容，甚至总盯着或看着别人来完成强迫行为。

感应性强迫行为：有些儿童青少年的强迫行为具有家庭感应性，有些父亲或母亲和孩子出现同样的强迫行为。多见强迫检查、强迫性仪式动作、强迫性洗涤等。主要见于过度依恋或过度溺爱的亲子关系家庭，独生子女较多见。例如，有些照料者（主要是单亲母亲或祖母较多见）不能与青少年正常地分离，年龄较大后仍同床、同被。

（二）强迫思维

一般情况下，儿童青少年强迫行为和冲动明显而强迫思维并不突出，但儿童青少年强迫障碍也会表现出同成人相似的强迫担心或怀疑、强迫回忆、强迫性对立思维、强迫性穷思竭虑等强迫思维。

践行园

思考：自家孩子是否存在强迫症状？观察和记录孩子的想法和行为，这样便于和医生进行交流和后续就诊。

第二节 强迫障碍的病因

导读台

- 儿童青少年为什么会罹患强迫障碍？

知识窗

强迫障碍是一种多维度、多因素的疾病，发病时具有鲜明的生物-心理-社会模式特征。病因大致包含以下几个方面的因素。

一、遗传因素

强迫障碍患者的一级亲属患病率比一般人群高出 5～6 倍，而且其在童年确诊的先证者中有着更高的患病风险。

二、神经生化、内分泌、免疫学等因素

许多中枢神经递质（如去甲肾上腺素、多巴胺）在强迫障碍患者中都可能存在不同程度的异常。患者在基础或刺激状态时下

丘脑下部-垂体激素水平存在异常。感染或免疫中介因素可能至少在某些亚群的强迫障碍患者中起一定作用。强迫障碍对刺激的过度觉醒和过度专注可能与额叶皮质的过度兴奋有关。

三、心理及社会因素

患者常存在追求完美和精神内向性的个性特点，经常关注躯体和精神方面的不快、异常、疾病等感觉，并为此而忧虑和担心。患者常存在不良的家庭环境，如家庭成员间亲密程度低、缺乏承诺和责任、对立和矛盾冲突较多、家庭规范和约束力不够、自我控制力差。相当一部分患者起病有一定的心理因素，常常可以追溯到来源于日常生活中的各种压力、挫折、躯体疾病等，而且多数患者在心理压力状态下发生病情波动。

 **链接场**

正常儿童青少年发育阶段也可以出现强迫现象

在儿童青少年正常发育阶段，也会出现一些强迫现象。例如，不可克制地去碰触周围的一些东西；走路遇到路面有裂缝时就不自主地跳过去；总重复唱一句歌词；上床脱衣服时，总有拍胸捶腿等习惯性动作。然而这些动作没有痛苦感，也不影响儿童青少年的日常生活，更不会因为不可克制而产生焦虑，并且随着时间的推移会自然消失，故称为正常的一过性强迫现象或称为亚临床强迫现象。

>
> **链接场**
>
> **儿童青少年患强迫障碍不是父母的错**
>
> 强迫障碍是一种疾病，表现多样各异，发病原因也很复杂，父母不必因此自责。

第三节　正确应对强迫障碍

导读台

- 如何判断儿童青少年罹患强迫障碍？
- 如何治疗强迫障碍？
- 家长能做些什么？

知识窗

一、强迫障碍的诊断

当儿童青少年出现了各种与强迫相关的症状时，家长需要尽早带儿童青少年前往专业的精神心理医疗机构进行系统评估。以下列出美国《精神障碍诊断与统计手册》（第5版）中关于强迫障碍的诊断标准，以供参考。

1. 强迫思维或者是强迫行为，或者两者都存在。

（1）强迫思维：①在病程的某一段时间内，感受到的反复性和持久性的想法、冲动或意向，会很不合适地闯入头脑，以致引起显著的焦虑或痛苦烦恼；②个体试图忽视或压抑这些想法、冲动或意向，或者用其他想法或行动来中和它们。

（2）强迫行为：①重复行为（如洗手、排序、核对）或精神活动（如祈祷、计数、反复默诵字词），个体感到重复行为或精神活动是作为应对强迫思维或根据必须严格执行的规则而被迫执行的。②重复行为或精神活动的目的在于防止或减少焦虑或痛苦，或防止某些可怕的事件或情况；然而，这些重复行为或精神活动与所设计的中和或预防的事件或情况缺乏现实的连接，或者明显是过度的。

注意，儿童青少年可能无法表达这些重复行为或精神活动的目的。

2. 强迫思维或强迫行为是耗时的（如每天消耗 1 小时以上）或这些症状引起具有临床意义的痛苦，或导致社交、职业或其他重要功能方面的损害。

3. 此强迫症状不能归因于某种物质（如滥用毒品、药物）的生理效应或其他躯体疾病。

4. 其他精神障碍的症状不能很好地解释此疾病。例如：广泛性焦虑障碍中的过度担心；躯体变形障碍中的外貌先占观念；囤积障碍中的难以丢弃或放弃物品；拔毛障碍中的拔除毛发；皮肤抓痕障碍中的皮肤搔抓；刻板运动障碍中的刻板行为；进食障碍中的仪式化进食行为；物质相关及成瘾障碍中物质或赌博的先占观念；疾病焦虑障碍中患有某种疾病的先占观念；性欲倒错障碍中的性冲动或性幻想；破坏性、冲动控制及品行障碍中的冲动；重性抑郁障碍中的内疚性沉思；精神分裂症谱系及其他精神病性障碍中的思维插入或妄想性的先占观念；孤独症谱系障碍中的重复性行为模式。

践行园

学习用表格和"温度计"的模拟方式记录儿童青少年的强迫症状表现和程度。

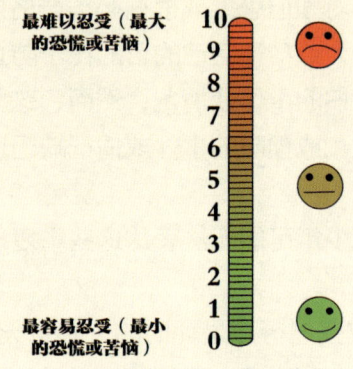

强迫症状的"温度计"

我的症状清单

姓名：_____

OCD 温度计等级

日期	08.15
会谈次数	1
症状	
检查家庭作业，数字对齐	3
检查家庭作业，字母紧靠	3
检查，确认我在页面上没有留空白	4
检查学校作业，确认在页面上没有弯曲的线条	6
触摸浴室门把手	7
淋浴，边洗边数数	8
淋浴，从上到下地洗	9
就寝仪式，说5遍"晚安"	10

填写完毕的"我的症状清单"样本，列表中显示了症状等级和基线等级

记录强迫症状的表现和程度

二、强迫障碍的治疗

治疗方式主要是药物治疗、心理治疗，以及药物和心理治疗的结合。认知行为疗法（CBT）和5-羟色胺选择性重摄取抑制剂（SSRI）作为安全有效的一线治疗方法。家长需要和医生一起建立和维护医患治疗联盟，提高治疗依从性，定期就诊评估疾病和共病，实现长期、个体化、足量、足疗程治疗。

链接场

强迫障碍的就诊流程

前往精神心理科门诊
↓
医生诊断的判定（父母汇报相关情况，和儿童青少年交流面谈，配合各类量表和仪器类检查，然后综合判定）
↓
决定治疗方式和方法（药物治疗、心理治疗、物理治疗，必要时住院治疗）
↓
定期就诊评估疗效和治疗方案

三、家长能做些什么？

家庭是共同的治疗体，在治疗过程中也需要行动起来。第一，家人对强迫障碍需要了解，不指责和埋怨自己，更不要指责儿童青少年。第二，家人也要学习观察和记录强迫症状，以及儿童青少年内心的想法和感受。第三，家长要帮助儿童青少年树立治疗的信心，并敦促儿童青少年尽早接受专业的治疗。第四，家人也要学习避免卷入患者的强迫症状之中，学习如何应对和帮助儿童青少年，陪同儿童青少年一起做行为治疗训练。

家庭治疗

践行园

家长在儿童青少年治疗过程中可以做些什么？

1. 陪同儿童青少年就诊、治疗 强迫障碍的治疗一般需要数月甚至更长的时间，所以需要家人陪同儿童青少年就诊，鼓励并和儿童青少年一起学习应对强迫症状。在治疗中，不仅仅是治疗疾病，更要让儿童青少年的心理成长，改善追求完美的性格。

2. 帮助儿童青少年识别强迫症状，把强迫症状当作"假警报" 家长要帮助儿童青少年一起总结强迫症状的特点——重复、可怕的想法，不得不做的感觉……家长需要把强迫症状比喻成一个"假警报"，和儿童青少年一起学习如何应对，并不实施强迫行为。

3. 帮助转移注意力 尝试帮助儿童青少年总结适合儿童青少年转移注意力的方法，比如大声唱歌、朗诵、运动、做出相反的动作、和家人做游戏。

（廖金敏　闫俊）

第12章　创伤及应激相关障碍

我们的生活并非一帆风顺，可能会遇到一些给身心带来明显不良影响的各种事件，这些事件被称为应激事件。应激事件会导致躯体和心理上的应激反应，如果反应的程度、持续时间和不良影响超乎寻常就可能发展为心理障碍。

第一节　创伤及应激相关障碍的概述

导读台

- 什么是创伤及应激相关障碍？
- 导致儿童青少年心理创伤的应激事件有哪些？
- 导致应激的因素有什么？
- 应激对儿童青少年有哪些危害？

知识窗

一、创伤及应激相关障碍的定义

严重的应激事件超出了常人的应对能力，几乎令经历过的每个人都会感到强烈的心理痛苦，处于严重的应激状态，这会使心理受到伤害，成为心理创伤。严重的创伤性事件和生活中的应激事件导致的障碍统称为创伤及应激相关障碍，主要包括急性应激障碍、创伤后应激障碍和适应性障碍。

导致急性应激障碍和创伤后应激障碍（Post-traumatic Stress Disorder，PTSD）的事件都是在暴露于性质严重的创伤性事件后发生的障碍，这类事件必须是极端重大的事件。急性应激障碍的症状表现持续时间不超过1个月。PTSD是在创伤事件发生1个月后出现的和（或）长期存在的与事件有关的症状，且持续超过1个月，引起受害者明显的痛苦，或导致重要功能的显著损害。

适应性障碍在儿童青少年中较为常见，这是在明显的生活改变或环境变化时产生一定阶段的心理痛苦、情绪紊乱和行为变化，其心理痛苦超出了预期，情绪和行为反应超过了一般儿童青少年，并导致日常生活功能、学习、社交和活动受到影响。

二、导致心理创伤的应激事件

可能会给儿童青少年带来创伤的事件是指对心理产生严重不良影响的恶劣事件。例如：自然灾害，人为灾难，意外事故，战争、火灾、严重车祸、烧伤；校园突发的恶性事件；分离和居丧；遭受暴力（被严重殴打、家庭暴力、虐待、严重忽视、强奸）；极度痛苦的侵入性医疗行为。媒体中破坏性强的画面、惨烈事件的报道虽然也会引起儿童青少年强烈恐惧，但不构成PTSD。

日常生活中的不良事件更为常见，如家庭冲突、父母离异、被打骂、欺凌、学习压力过大、重要的考试失败导致较严重的后果。这些事件虽然不是很严重，但也会给儿童带来心理伤害，有时被称为小创伤。

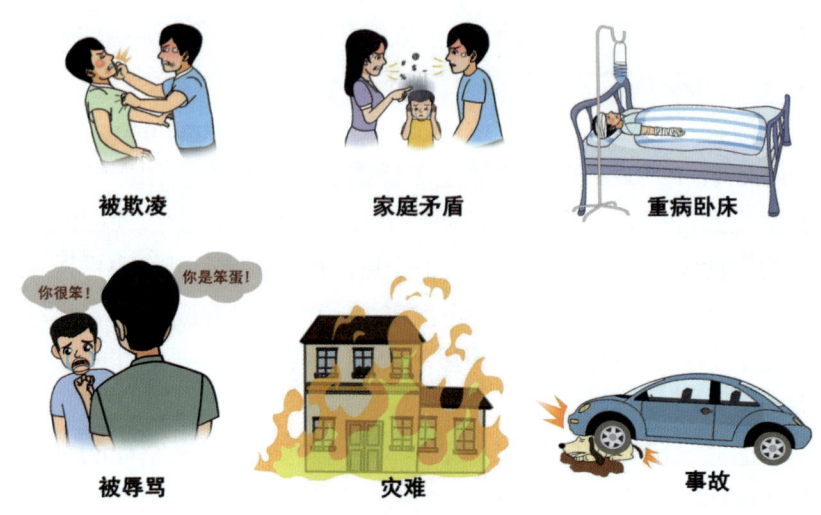

不同创伤事件举例

儿童青少年的应对能力较差，更容易受到这些不良事件的伤害，如果不及时妥善地处理，将会对其未来身心发展带来长期不良影响。但是，并非所有应激事件都会导致心理创伤，这与事件本身的特点（恶劣程度）、儿童青少年自身特点（气质、年龄、能力等）、家庭因素和社会支持有关。

第二节 创伤及应激相关障碍的表现和影响

导读台

- 创伤和应激事件发生后，儿童青少年会有哪些反应？
- 创伤对儿童青少年有哪些危害？

第12章 创伤及应激相关障碍

> 知识窗

一、创伤和应激事件后的反应

（一）PTSD 症状

儿童青少年在创伤性事件发生之时可有极度的恐惧、惊恐或无助，事件发生过后仍有强烈的情绪和行为紊乱等异常。最核心的症状是与创伤有关的再体验、持续回避和唤醒度增高，认知和心境的负性改变。不同年龄阶段儿童青少年的表现有所不同，幼儿可能很少表现出典型症状。

1. **脑中不由自主地反复出现创伤时情境** 幼儿可以表现为反复玩创伤主题的游戏；噩梦；面对可引起创伤回忆的线索时产生强烈的痛苦，而且有躯体反应。

2. **回避与创伤事件有关的人、物、地点** 例如，回避见到伤害自己的人，拒绝到发生伤害性事件的地方，不愿回想创伤事件。

3. **过度警觉** 表现为睡眠障碍（入睡困难或容易惊醒）、容易发脾气、注意力不集中、容易因一点小刺激就突然惊跳起来。

4. **认知和心境的负性改变** 例如，忘记了所遭遇事件中的重要部分；对平时活动的兴趣减退；与亲人、好友疏远；情绪消

PTSD 症状

极，感受不到愉快的情绪；对自己的看法、对周围和世界的看法也变得过于消极。

上述这些反应在不同的年龄阶段可能具有不同的表现。

婴幼儿可表现为：容易烦躁、哭泣、不愿意分离，或发呆、反应迟钝。

学龄前儿童可表现为：广泛性焦虑或恐惧，如不愿意独处、害怕与亲人分离、害怕见陌生人，回避与创伤事件有关的情景，容易哭泣、发脾气、坐立不安，对游戏、玩耍的兴趣减退。

学龄儿童的表现包括：不愿意上学，不愿意与家人分离，担心自己或家人安全，注意力不集中。学龄儿童经常通过退缩行为表现恐惧和焦虑，重新出现已消失的"幼稚"行为，如尿床、舔手指、要求喂食和穿衣。

青少年的表现包括：违抗、叛逆、攻击，兴趣丧失，社交退缩，与他人疏远，缺乏情感，麻木、悲伤、自虐，情绪容易波动，自责，成绩明显下降，逃学，注意力不集中，坐立不安，有时会说脑中突然出现的与创伤事件有关的图像或声音，人生观、价值观变得消极。

（二）适应性障碍症状

在情绪、认知、行为和生理功能多方面表现出多种形式异常，但痛苦程度超过其所面临的应激事件强烈程度。情绪异常包括抑郁、焦虑、烦恼。行为异常可表现为极端化的行为，如突然的暴力、攻击行为，常有退行性、幼稚行为，青少年可有反社会行为；不能应付当前的生活、学习、交往，如拒绝上学、上幼儿园，拒绝与人交往，大龄儿童会感到对未来无所适从、没有信心。在生理功能方面出现饮食、睡眠等生理节律失调，多种躯体不适的症状，如头痛、心慌、腹痛。

二、创伤的危害

在应激状态下,脑神经系统高度紧张,为了应对眼前的紧急或危机事件,肾上腺素系统等内分泌轴的活动性增高,肾上腺素、外周血糖皮质激素分泌增加。但如果过于强烈且持续时间过长,则会导致神经内分泌功能的紊乱。童年期创伤(如虐待)会导致大脑结构和功能的改变,损害儿童的记忆、注意、理解等认知能力,以及心理、躯体发育的异常,最终导致生活、学习、人际交往以及成年后工作能力的下降。

如果未给予有效的干预或处理不当,则会发展为其他更严重的问题,如厌学、自伤(自杀)、抑郁症、电子游戏及网络成瘾、物质滥用,乃至成年后的人格障碍。

第三节 正确应对创伤及应激相关障碍

导读台

- 如何诊断和防治创伤及应激相关障碍?

知识窗

一、诊断

创伤及应激相关障碍的诊断并不容易,尤其是 6 岁以下的幼儿,需要擅长儿童精神障碍的精神科医生进行检查和诊断。诊断的首要条件是在情绪、行为异常之前有明确的创伤或应激性事件,症状应与事件密切相关。

医生首先要详细了解现病史，以及从出生开始到就诊前的整个成长经历。之后进行心理评估，包括相关的问卷检查和面对面的访谈，最终根据诊断标准做出诊断。

二、治疗和预防

（一）治疗的基本原则

保证安全，重建安全感；确保提供给儿童青少年基本的生理需求和关爱；帮助儿童青少年和家长了解创伤和其影响的知识；重建稳定感，早日恢复常态化生活习惯；识别和支持儿童青少年的情绪状态，鼓励表达情绪；建立自我能力感；注入希望；支持帮助儿童青少年的人。

（二）心理行为治疗

帮助儿童青少年提高处理应激的能力，争取早日康复，防止病程恶化或慢性化。根据不同的年龄特点采用情境游戏、绘画、故事等方式表达情感，学习调控情绪的策略和处理问题的方法，消除不恰当的消极观念等。

PTSD 的主要治疗方法包括聚焦创伤的认知行为疗法和眼动脱敏再加工治疗（EMDR），这是世界卫生组织和国际创伤应激研究学会强烈推荐的两种针对儿童青少年 PTSD 或创伤后应激相关症状有充分证据的治疗方法。

适应性障碍的心理治疗包括指导性咨询、支持性心理治疗、认知行为疗法，以及治疗 PTSD 的方法。治疗应抓住三个环节，即消除或减少应激源、提高应对能力、消除或缓解症状。

（三）药物治疗

对症治疗时，需要权衡药物对缓解症状、提高功能与不良反应之间的利弊。

(四)预防

帮助儿童青少年发展适应能力,学习情感识别和表达的策略,学习处理应激情境的技能,提供支持、安全的环境,给予关心。开设儿童青少年心理危机干预培训课程可以提高他们的情绪管理和应激处理能力。

(张劲松)

第 13 章　分离障碍

儿童青少年因其性格尚不成熟，富于幻想、暗示性强，尤其是那些情感丰富、有表演色彩、自我中心等性格特点的儿童青少年，若遇到挫折，受到精神、躯体的虐待，就有可能出现分离障碍的表现。

第一节　分离障碍的概述

导读台

- 什么是分离障碍？
- 分离障碍的病因是什么？

知识窗

我们可能听说过这样的案例：女儿在学校里和同学发生不愉快，争执了几句，结果被气晕了；儿子调皮捣蛋，被爸爸在小腿上踢了一脚，结果走不了路了；到医院做了全面检查，医生说身体没问题，但是女儿时不时一生气就晕倒，儿子就是走不了路。这是怎么回事呢？

女儿被批评后晕倒

一、分离障碍的定义

分离障碍又称分离（转换）障碍，是一类由明显精神因素，如生活事件、内心冲突、情绪激动、暗示和自我暗示，作用于易患个体引起的精神障碍。

二、分离障碍的病因

1. **应激性事件经历**　应激性事件和相应反应是引发本病的重要因素，如被批评、被孤立、被惩罚。各种不愉快的心境，如气愤、委屈、惊恐、羞愧、困窘、悲伤等精神创伤，常是初次发病的诱因。

2. **人格特征**　具有暗示性、情绪化、自我中心、表演性、幻想性特征的个体，是分离障碍发生的重要人格基础。

少数患者多次发病后因联想或重新体验初次发作的情感可再发病，多由暗示或自我暗示而引起。疾病发作有利于患者摆脱困境，发泄情绪，获得别人的同情或得到支持和补偿。例如，儿童青少年学习压力大，某次因为感冒发烧，家长请假不用参加一个考试，避免了考试后的成绩排名；此后，每当儿童青少年面临考试，就会出现头晕、恶心、吃不下饭、没力气，甚至体温略升高等症状，从而请假不参加考试。

另外幼年期创伤、社会文化因素与分离障碍的发病原因中有一定关系。

践行园

思考：孩子性格怎么样呢？是不是在遇到不顺心事件时出现过情绪爆发、躯体不适，但是去医院检查没发现问题的情况？这些情绪问题或者躯体功能障碍对孩子和家长造成了什么影响呢？

第二节 分离障碍的表现

导读台

- 分离障碍都有哪些表现？

知识窗

分离障碍的表现形式多种多样，本节介绍几种在儿童青少年中常见的表现形式。

一、常见的临床表现

（一）分离性遗忘

表现为突然出现不能回忆起重要的个人经历和自己重要的事情，遗忘内容一般都是围绕创伤性事件。例如，一名高中女生因与好朋友发生争执，两人"断交"，该女生伤心、哭泣，随后出现与好友"断交"后的记忆全部丧失，称自己没有和好友争执，两人关系仍然很好，甚至说出"下周要月考了"（实际已经考过试）。

分离性遗忘

（二）分离性情感爆发

分离性情感爆发在儿童青少年中较为常见，经常发生于不愉快事件发生当时或之后短时间内。儿童青少年会出现"歇斯底里"，哭闹不休以宣泄委屈、发泄，表现夸张、做作，严重者可捶胸顿足、号啕大哭、撕衣毁物、撒泼耍赖、滚地撞墙，具有表演色彩，过后对事件经过不能全部回忆起来。

（三）分离性运动障碍

儿童青少年表现为部分或者全部失去躯体随意运动的能力，或不能进行协调运动；可表现为肢体的单瘫、截瘫或偏瘫。可有震颤、舞蹈样运动、起立不能、步行不能、运动不能和运动障碍。有的儿童青少年在某些时间可正常行走，例如没有注意别人是否关注自己时、逃离危险环境时；有的儿童青少年在暗示下无法行走，但能跑或跳舞。如本章开头的儿子调皮捣蛋，被爸爸在小腿上踢了一脚，结果孩子走不了路了。

分离性运动障碍

（四）抽搐和痉挛

症状发作前常有明显的心理诱因，情绪激动或受到暗示时突然发病，发作时儿童青少年缓慢倒地或卧于床上，呼之不应，全身僵直，肢体一阵阵抖动，或在床上翻滚，或呈角弓反张，呼吸时急时停，可有揪衣服、抓头发、捶胸、咬人等动作。大多历时数十分钟后症状缓解。

（五）分离性感觉障碍

可表现为躯体感觉麻木、丧失、过敏或异常，或其他特殊的感觉障碍。如视觉障碍可表现为弱视、失明、管视、视野缩小等。听觉障碍多表现为突然听力丧失、失声、失语，但咳嗽时发音正常，还能轻声耳语。

此外还有分离性漫游、分离性木僵、出神与附体障碍、分离性假性痴呆、多重人格障碍等表现形式。

二、特殊的临床表现

集体性分离障碍也称流行性癔症，即分离性障碍的集体发作，多发生于共同生活且经历、观念基本相似的集体中。

例如我们曾看到有些新闻报道，某学校、某幼儿园在进行某种疫苗接种后，数名甚至数十名儿童青少年出现头晕、无力、注意力不集中、失眠等不适症状，怀疑所接种疫苗质量有问题。但经相关部门调查，疫苗合格，接种过程规范。儿童青少年们经相关检查也未发现躯体异常。这就是集体性分离障碍的表现。疫苗接种后有个别人会出现疫苗接种后的反应，比如注射部位疼痛、低热、乏力，大多数持续数天即可消失。因儿童青少年群体具有暗示性强的特点，加之被家人所关注，在个别儿童青少年出现疫苗反应后，家人的关注可能成为流行性癔症发病的因素。

流行性癔症

践行园

案例：某8岁男孩，独生子，某次上课时和同桌说话，老师数次提醒后无效，因此将一个小纸团扔到他桌子上，纸团被桌子反弹到他脸上，因此被吓了一跳。随后他被老师叫起来回答问题，但是只能"嗯嗯"发声，不能言语。家长随后带着孩子在多家医院就诊，全面检查未发现异常。这个孩子考虑是什么问题呢？

解析：根据发病经过，可以看到起病有明确心理因素，主要表现为不能言语，但能"嗯嗯"发声。根据相关检查阴性结果，基本可以排除躯体疾病，需要进一步了解男孩的性格特征、家人对待这件事情的态度，初步考虑诊断为分离性运动障碍。

第三节　正确应对分离障碍

导读台

- 如何判断儿童青少年是否罹患分离障碍？
- 如何治疗分离障碍？
- 家长能做些什么？

> **知识窗**

一、分离障碍的诊断

当儿童青少年因一些心理因素出现了多种医学不能解释的症状时,家长需要尽早带儿童青少年前往专业的医疗机构进行系统评估。

二、分离障碍的治疗

分离障碍的急性发作通常与一定的心理社会因素有关,病程的持续可能与持续存在的强化因素相关,病程迁延则可能与"继发获益"有关。分离症状的治疗包括催眠、暗示、家庭或团体心理治疗等。

(一)治疗原则

对儿童青少年的症状积极关注,寻找诱发、维持、强化儿童青少年症状的心理社会因素,并在治疗过程中将心理社会因素与症状进行"分离"。心理治疗的重点在于引导儿童青少年正常生活,增加应对生活事件的能力。医护人员与儿童青少年家属应形成医疗联盟,达成共识,避免家长不断地给儿童青少年不良暗示,共同帮助儿童青少年在治疗过程中获得成长。

(二)心理治疗

1. 解释性心理治疗 通过引导儿童青少年及家属正确认识和对待致病的精神因素,认识疾病的性质,帮助分析儿童青少年个性存在的缺陷,以及克服个性缺陷的途径和方法。

2. 暗示治疗 如催眠治疗、言语暗示、药物暗示治疗。

3. 认知行为疗法 采取循序渐进逐步强化的方法对儿童青少年进行功能训练。

4. 家庭治疗 改善儿童青少年的治疗环境，取得家庭的支持。促使家庭全面接纳儿童青少年的家庭治疗，纠正诱发分离障碍的互动模式，直接对父母进行建议或训练等。

践行园

案例： 上一案例中的8岁男孩，因上课说话被老师扔的纸团反弹到脸上，此后出现不能言语。多家医院就诊，全面检查未发现异常。详细询问后，医生发现男孩系家中独子，自幼由祖父母、父母共同照料，娇生惯养，是全家的中心。既往性格开朗好强，不愿被批评。医生考虑诊断为分离性运动障碍。给其家人讲明疾病原因、表现、治疗中需要注意的地方，给男孩以言语及药物暗示治疗，男孩很快康复。

解析： 根据男孩成长经过及性格特点，了解到男孩具有分离障碍的易患性格基础，治疗中需要与其家长达成治疗联盟治疗，以暗示治疗为主。

（陈策）

第 14 章 数学焦虑

2018年,国家义务教育质量检测数学学习质量监测结果报告显示,四年级学生焦虑程度较高及以上的人数占比达到24.8%,八年级学生焦虑程度较高及以上的人数占比达到40.9%。

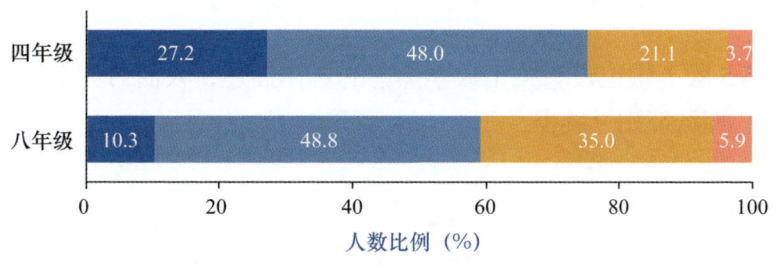

数学学习质量监测结果

2012年,经济合作与发展组织(Organization for Economic Co-operation and Development,OECD)一项覆盖65个国家和地区的国际学生评估项目(Programme for International Student Assessment,PISA)调查结果显示,有59%的学生担心在数学课堂中遇到困难,32%的学生对数学作业表示非常紧张,31%的学生对解决数学问题表示很焦虑,30%的学生在解决数学问题时感到无助,69%的学生担心自己的数学成绩不佳。OECD各国平均结果显示数学焦虑感越严重,其数学成绩越差;0.2的数学焦虑感会使数学成绩下降34分(相当于一学年的学习成果)。

数学焦虑是全世界儿童青少年普遍存在的问题。然而,它在临床和学校实践中被严重忽视,在《精神障碍诊断与统计手册》

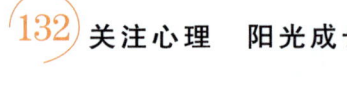

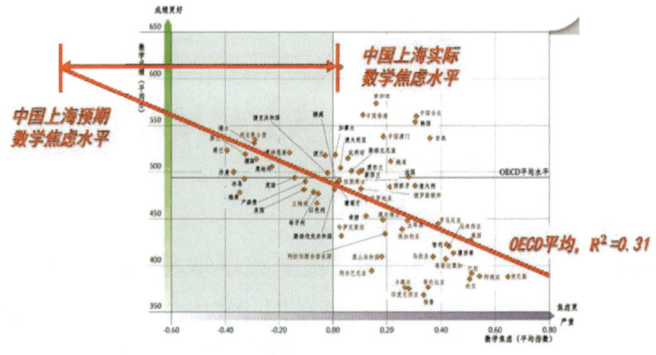

中国上海的数学焦虑调查结果

（第 5 版）中也没有关于数学焦虑的具体描述，人们对数学焦虑的心理特征知之甚少。

第一节　数学焦虑的概述

导读台

- 什么是数学焦虑？
- 有哪些方式可以对数学焦虑进行评估与测量？

知识窗

一、数学焦虑的定义

通常情况下，数学焦虑被理解为是在日常生活和学习各种各样的情况下，个体在处理数字和解决数学问题时产生的一种紧张、不安的情绪。

数学焦虑根据不同研究，有多种维度的分类。其中被广泛认可的分类包括以下两个维度。

1. **数学学习焦虑**（mathematics learning anxiety） 该维度指学生在进行数学活动时（上数学课、做数学家庭作业等）所感受到的焦虑。下文践行园表格中的 1、3、6、7、9 可归纳为数学学习焦虑。

2. **数学评价焦虑**（mathematics evaluation anxiety） 与数学学习焦虑不同，数学评价焦虑强调学生的学习成果在被评价时（数学考试前、数学课上回答问题等）所体验的焦虑。践行园表格中 2、4、5、8 可归纳为数学评价焦虑。

二、数学焦虑的评估方法

在教育和心理研究中，数学焦虑量表问卷是最常见的评估数学焦虑的方式，需要注意的是，问卷回答代表受法律保护的个人数据，除非地区法律法规允许，否则不得与任何人共享。

践行园

测一测，根据下面量表中的问题选择最符合自己情况的选项。

		不焦虑	有点焦虑	中等焦虑	相当焦虑	高度焦虑
1	当你必须使用数学书后面的附录表时	1	2	3	4	5

续表

	不焦虑	有点焦虑	中等焦虑	相当焦虑	高度焦虑
2 考试前某天想起即将到来的数学考试时	1	2	3	4	5
3 看老师在黑板上计算一道代数方程时	1	2	3	4	5
4 数学课上参加课堂测验时	1	2	3	4	5
5 当布置的作业包括很多难题，并且下次上课就得完成时	1	2	3	4	5
6 在数学课上听一场讲座	1	2	3	4	5
7 听另一位同学解释一道数学公式	1	2	3	4	5
8 数学课上进行突击测验时	1	2	3	4	5
9 当你开始学习数学课本上的新一章时	1	2	3	4	5

注：得分越高意味着数学焦虑的水平越高，需要注意的是，焦虑量表结果没有绝对的等级划分标准，此表仅用于自查数学焦虑情况，并根据自己的自查结果及时对自己的数学学习和心态进行调整。

第二节　数学焦虑的脑机制

导读台

- 数学焦虑会激活哪些脑区？
- 高数学焦虑个体和低数学焦虑个体的大脑激活网络有什么不同？

> 知识窗

一、高数学焦虑个体情绪感知的脑网络更活跃

Young 等在研究 7~9 岁儿童的功能磁共振图像时发现,高数学焦虑个体在进行数学任务时,与情绪感知相关的脑区(杏仁核)激活更强,但是与数字加工(顶内沟)、情绪控制相关(内侧前额叶)的脑区激活更弱。进一步的分析发现,在高数学焦虑个体中,杏仁核与内侧前额叶的协同作用更强,但是杏仁核与顶内沟的协同作用效率更低。

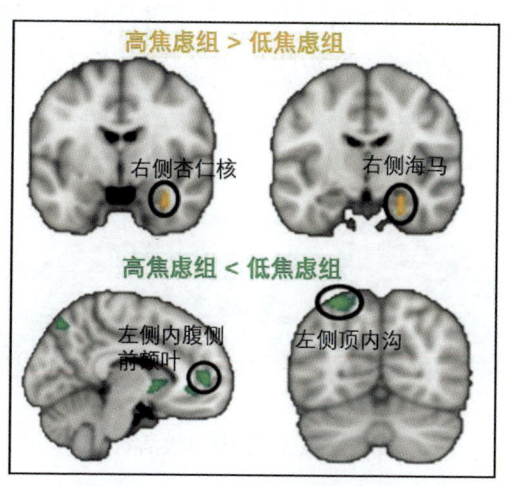

不同程度数学焦虑的脑激活状态

二、数学焦虑会激活疼痛相关的脑区

2012 年,Lyons 等的一项研究发现,对于高数学焦虑的个体而言,数学与紧张、恐惧紧密相关,但是数学焦虑所产生的恐惧感背后的机制并非心理上的副产物那么简单。研究发现,当对即将到来的数学任务产生预期时,个体的数学焦虑程度会增加,且

与内脏威胁检测相关的区域（双侧背后部脑岛和扣带回中部）的激活也会增加。有趣的是，在数学任务进行的过程中并没有发现相关脑区的激活增加，这表明令人痛苦的并非是数学本身，而是对数学的预期。这些结果也可能提供了一种潜在的神经机制来解释高数学焦虑个体倾向于回避数学及数学相关事件的原因。

三、高数学焦虑个体的顶内沟激活更低

2020年，Pizzie等的一项研究发现，数学焦虑与顶内沟的激活成负相关。这可能说明，对于高数学焦虑个体而言，负面情绪会干扰他们在做任务时的认知加工。在进行数学任务时，相对于低数学焦虑个体而言，高数学焦虑个体除了任务认知负载的增加，还会受到负面情绪的影响，他们用于"处理"计算加工的认知过程受到了更大的影响。

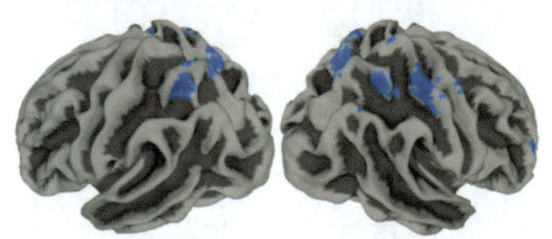

高数学焦虑的顶内沟激活状态

第三节　数学焦虑的影响因素

导读台

- 数学焦虑的影响因素有哪些？
- 教师和家长的焦虑水平对儿童青少年的数学焦虑有什么影响？

> **知识窗**

一、高数学焦虑父母与孩子数学焦虑的产生有关

高数学焦虑的父母若经常帮助孩子做数学作业,那么他们的帮助会适得其反。2015 年,Maloney 的一项研究测量了 868 名儿童数学焦虑、数学成绩和家长的数学焦虑、家庭作业帮助的情况,发现父母的数学焦虑与孩子的数学成绩呈负相关。这可能是因为高数学焦虑的父母在帮助孩子做数学作业时会传达大量的负面情绪。

二、高数学焦虑教师与学生数学焦虑的产生有关

教师的数学焦虑较高会对学生产生负面影响,这在低年级中尤为显著。Beilock 在 2010 年的一项调查中发现,教师的数学焦虑与学生在学年开始时的数学成绩没有关系;然而,到了学年末,教师的数学焦虑程度越高,学生的数学成绩越低。

第四节　数学焦虑的干预

> **导读台**
>
> - 如何对数学焦虑进行干预?
> - 如何针对自己的数学焦虑进行有效的自我调节?

> **知识窗**

一、数学焦虑相关的表达性写作可以减少数学焦虑对数学成绩的负面影响

Park 等在 2014 年的一项研究中进行了一项数学焦虑的干预试验，在进行数学考试之前，研究人员让一部分学生安静地坐着（对照组），让另外一部分学生花 5～10 分钟时间写下对即将到来的数学考试的想法和感受（试验组）。结果发现，试验组学生的焦虑水平更低；并且对照组学生的焦虑水平与他们的考试成绩呈负相关（即焦虑水平越高，考试成绩越低），但是在试验组学生中并没有发现这种关系。

Ramirez 等认为，写作实际上是对焦虑情绪的释放过程，情绪表达有效缓解了焦虑对工作记忆资源的占用，那么在正式测验中更多的工作记忆资源就可以得到有效的加工。

二、呼吸训练可以有效地减少数学焦虑带来的负面效果

Brunyé 等在 2013 年进行了一项数学焦虑的干预试验，试验采取了四种简单的干预措施，其中包括三种行为干预和一种营养干预。行为干预包括集中呼吸练习、无焦点冥想练习和焦虑问答练习；在营养干预组，参与者会摄入 200 毫克 L-茶氨酸。在干预练习结束后进行计时算术任务。研究发现，高数学焦虑组的总体成绩低于低数学焦虑组，然而这种差异被呼吸练习缩小了，与对照组比较，他们的数学成绩有了更大的提高。

三、接受珠算训练的学生的数学焦虑显著低于未接受珠算训练的学生

在笔者的一项研究中,对比了小学三至六年级接受过珠算训练和未接受过珠算训练的学生的自我感知的数学焦虑水平,发现珠算组学生自我感知到的数学焦虑显著低于非珠算组学生自我感知到的数学焦虑水平。这可能是因为经过珠算训练的学生相对于同龄人有更强的心理运算能力,导致他们面对数学学习与考试时的焦虑水平较低。

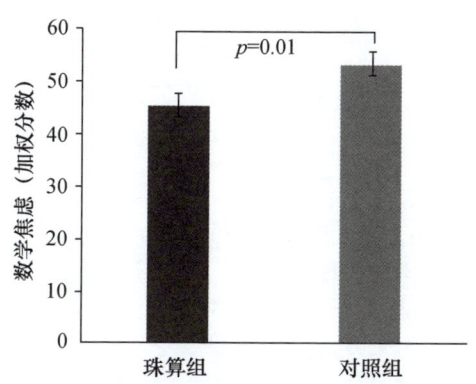

珠算训练学生的数学焦虑水平不同于没有训练的学生

(周新林)

第三篇

进食及行为问题

第三章

電子コマースの実態

第 15 章　进食障碍

骨瘦如柴、拒绝增重、过度运动、反复呕吐、消瘦闭经，当家长带儿童青少年反复就诊于消化科、内分泌科等科室，却寻不着病因时，家长应当有所警惕——儿童青少年是否患上了进食障碍？

作为一种严重的疾病，进食障碍离我们并不遥远。近年来我国进食障碍患病率呈增高趋势，进食障碍不仅对儿童青少年的身心健康造成了巨大影响，也为整个家庭乃至社会带来了沉重负担。本章的目的是介绍进食障碍，掌握进食障碍的症状特点，并对进食障碍的治疗有所了解。

第一节　进食障碍的概述

导读台

- 什么是进食障碍？
- 进食障碍有哪些分类？
- 进食障碍有什么危害？

知识窗

一、进食障碍的定义及分类

进食障碍（Eating Disorder）属于精神障碍，表现为进食行为的异常、对食物和体重体型的过度关注。进食障碍主要包括神经性厌食和神经性贪食两类,它们彼此不同,又有相似之处。

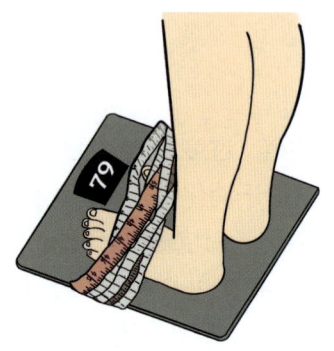

进食障碍患者对体重体型过度关注

 **链接场**

神经性厌食 vs. 神经性贪食

患有神经性厌食的儿童青少年会刻意地减少进食量,并通过运动等行为增加消耗。他们往往存在明显的低体重及营养不良,女孩常表现为闭经或初潮推迟。

患有神经性贪食的儿童青少年则表现为反复出现的暴食,并会采用节食、呕吐、导泻、过度运动等方式来避免体重增加。与神经性厌食患者不同的是,神经性贪食患者的体重大多处于正常范围内。

神经性厌食发病的高峰年龄为13～14岁和17～18岁,神经性贪食则多发生在青少年晚期和成年早期。

神经性厌食患者眼中的自己

二、进食障碍的危害

进食障碍严重影响着儿童青少年的身心健康,更是精神科中致死率最高、疾病负担最重的疾病之一。

(一)躯体方面

进食障碍患者往往存在许多突出的躯体症状,而这些躯体症状也经常是驱使儿童青少年及家长就诊的首要原因。体重低下、营养不良的患者常常虚弱无力,并伴有头晕、皮肤干燥、脱发、消化不良、严重便秘等症状。此外闭经、甲状腺功能减退、心动过缓以及低血压均十分常见。而对于暴食、催吐的患者而言,龋齿、四肢及面部水肿、胃食管反流、电解质紊乱等问题则更为突出。

(二)心理方面

进食障碍的患者大多存在着不同程度的焦虑、抑郁情绪。在营养不良和饥饿的情况下,焦虑、抑郁尤为突出,并可能存在注意力不集中、坐立不安等情况。在涉及进食相关问题时,儿童青少年则有可能变得暴躁、易怒。而在有暴食症状的儿童青少年身上，自责、内疚、羞耻感则更为常见，这常使儿童青少年不愿主动暴露症状，并进一步否定、贬低自己，如认为自己没有毅力、辜负了父母的期望，这些观念也会反过来进一步加重疾病症状，使疾病陷入恶性循环。

践行园

思考：您的孩子是否存在进食相关的问题？进食问题对孩子的身体、心理分别造成了什么影响呢？

第二节　进食障碍的病因

导读台

- 儿童青少年为什么罹患进食障碍？
- 儿童青少年生病和家庭有关系吗？

知识窗

进食障碍是与生物、心理、社会文化等因素密切相关的多因素疾病，它的病因复杂，尚无定论。我们可以从以下几个方面对进食障碍的发病相关因素进行了解。

一、生物因素

与正常人群相比，进食障碍患者存在大脑生物学异常。遗传学研究亦显示，进食障碍是复杂的遗传性疾病，其遗传度为 16%～83%。

二、个性心理因素

性格特征（如低自尊及完美主义）是进食障碍的高危因素。此外，自我评价低、成熟、恐惧、冲动控制障碍等也与进食障碍息息相关。

三、家庭因素

从家庭角度而言，父母对子女的过度保护及操控会使儿童青少年缺乏自主权，此时进食障碍可能会成为子女反抗父母的手段。而当家庭关系紊乱时，进食障碍则会成为儿童青少年维护家庭稳定的防御机制。此外，家人的饮食习惯、对体重体型的态度也会对儿童青少年产生不容忽视的影响。

四、社会因素

发达国家进食障碍的患病率更高，城市的患病率亦高于农村，女性患者多于男性患者。以瘦为美的社会文化、青春期同伴对体型的关注等均可能是进食障碍发生发展中的重要影响因素。

链接场

青少年进食障碍及互联网的使用

近年来互联网的使用呈指数级增长,年轻人是互联网和社交媒体的主要使用群体。研究表明,互联网的高度视觉化、大数据选择、同伴反馈、缺乏节制与监督、存在商业利益等特点均与青少年的进食障碍相关。互联网和媒体已然成为促进和维持进食障碍的重要因素之一。

第三节　正确应对进食障碍

导读台

- 如何判断儿童青少年罹患进食障碍?
- 如何治疗进食障碍?
- 家长能做些什么?

知识窗

一、进食障碍的诊断

当儿童青少年出现了各种与进食相关的症状时,家长需要尽早带儿童青少年前往专业的医疗机构进行系统评估。以下将根据美国《精神障碍诊断与统计手册》(第5版)中关于进食障碍的诊断标准,列出神经性厌食及神经性贪食最具特征性的症状,以供参考。

（一）神经性厌食

症状1：显著的低体重。

症状2：强烈害怕体重增加或持续采取行为影响体重增加。

症状3：对自己的体重或体型的体验障碍，或持续缺乏对目前低体重严重性的认识。

 **链接场**

下图为基于中国2～18岁儿童青少年身高-体重的标准化曲线，表示了男生及女生不同身高下体重的标准差（Standard Deviation，SD）。

当儿童青少年的体重在图中处于+1SD～-1SD时，表明其生长情况正常；而当儿童青少年体重在-2SD以下或+2SD以上时，则表明其营养不良或肥胖。

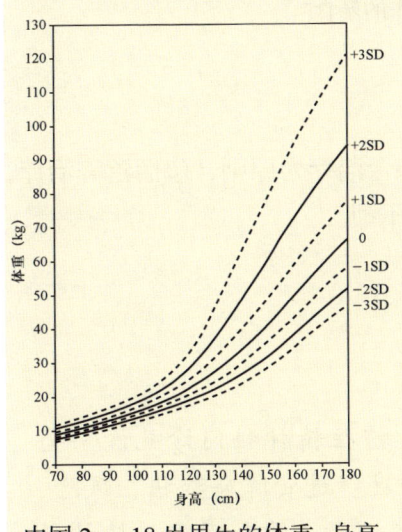

中国2～18岁男生的体重-身高标准化曲线

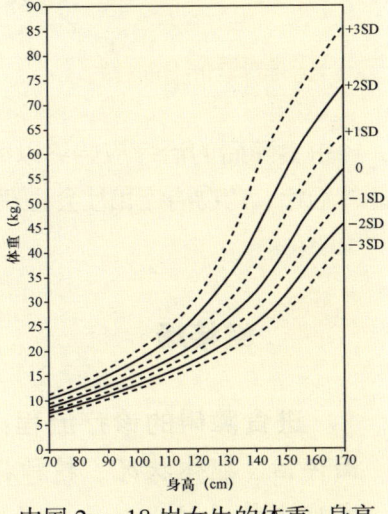

中国2～18岁女生的体重-身高标准化曲线

（二）神经性贪食

症状1：反复发作的暴食，伴有失控感。

症状2：反复使用不当的行为以预防体重增加，如催吐、导泻、过度运动、禁食等。

症状3：自我评价过度地受身体的体型和体重影响。

反复发作的暴食

二、进食障碍的治疗

进食障碍的治疗应始终以综合治疗为原则，包括营养治疗、躯体治疗、药物治疗和社会心理干预。

 **链接场**

进食障碍的诊疗流程：前往精神科门诊就诊→全面评估（躯体状况、精神状况、进食障碍症状、风险、家庭支持系统）→决定治疗场所（综合医院、精神科门诊、精神科住院）→综合治疗→评估疗效并决定下

一步治疗方案。

注意有无再喂养综合征的风险：再喂养综合征是指营养不良患者再喂养时发生的有致命危险的水电解质紊乱症状，存在再喂养综合征风险的患者应当在严密监测下进行安全的营养重建。

三、家庭日常照料策略

在求助专业人员的同时，家庭的参与是非常重要的。家人对疾病的了解越多，越能给儿童青少年树立治疗的信心，并能尽早地帮助儿童青少年获得有效的治疗，尽早痊愈。

首先，家长需要在专业人士的指导下，为儿童青少年制订合理的饮食计划。规律而定量的进食是关键，一天3次正餐加上2～3次加餐，使每次进食的间隔不超过4小时，从而在确保儿童青少年营养摄入的基础上维持血糖平衡，并减少暴食发生的风险。

 **践行园**

为儿童青少年选择合适的每日摄入热量

每个人都是通过食物来获取能量的。如果人们摄入的能量比消耗的多，体重便会增长，反之则会下降。对于大多数人而言，每日所需能量为1800～2500卡路里。只有当摄入的能量高于这一数值时，才能保证儿童青少年的体重稳步增长（通常合理的增长速度为每周增长1～2千克）。

其次，行为管理必不可少。许多进食障碍的儿童青少年均存在过度运动的行为，以消耗能量进一步降低体重。故而三餐后静坐是必要的，这不仅能帮助儿童青少年减少能量的消耗，也能降低儿童青少年偷偷呕吐、导泻的风险。

最后，规律的门诊复诊、药物及心理干预均非常重要，并与儿童青少年的疗效及预后息息相关。

（刘雪滢　孔庆梅）

第 16 章　破坏性行为障碍

儿童青少年发怒、暴躁、易生气，主动违抗或拒绝服从家长的要求，出现反复、持续的攻击性或反社会性行为，包括偷窃、离家出走、虐待动物等，这是屡教不改的"熊孩子"，还是青春期的叛逆过了头？此时家长应该警惕——儿童青少年是否患有破坏性行为障碍？

第一节　破坏性行为障碍的概述

导读台

- 什么是破坏性行为障碍？
- 破坏性行为障碍有哪些分类？
- 破坏性行为障碍有哪些危害？

知识窗

一、破坏性行为障碍的定义及分类

破坏性行为障碍（Disruptive Behavior Disorder）属于精神障碍的一种，主要表现为与发育水平不相符的明显的破坏性行为，主要包括对他人的抵抗或敌意行为、打架、欺负他人、撒谎、偷窃、

破坏他人财物等。破坏性行为障碍主要包括对立违抗障碍和品行障碍两类。有时，对立违抗障碍还被认为是品行障碍的前驱表现，且对立违抗障碍发病时间越早，后期发展为品行障碍的可能性越大。

与发育水平不相符的破坏性行为

对立违抗障碍 vs. 品行障碍

患有对立违抗障碍的儿童青少年常出现持续的易激惹或愤怒情绪，以及出现与发育水平不相符合的、明显的对父母、老师、兄弟姐妹的消极抵抗、挑衅、不服从和敌意等行为，且常对他人怀恨在心；持续至少6个月。

患有品行障碍的儿童青少年则会出现反复的、持续的攻击性或反社会行为，包括但不限于经常欺负、威胁、恐吓他人，经常打架、抢劫、勒索、撒谎等，这些行为违反其年龄相应的行为规范和道德准则，侵犯了他人或公共的利益，同时也影响儿童青少年自身的利益和社会功能；持续至少12个月。

对立违抗障碍和品行障碍均多见于男生。其中对立违抗障碍多起病于 10 岁以前，男女比例为 1.4∶1。品行障碍的男女比例为（4～10）∶1。

二、破坏性行为障碍的危害

（一）精神健康问题

此类儿童青少年情绪可能更不稳定，更容易受到焦虑、抑郁、紧张等负性情绪的影响，甚至有自伤、自杀行为，同时他们也更容易发生物质滥用。

（二）社会职业问题

破坏性行为会影响儿童青少年与其家庭成员（父母、亲属）和外部人员（老师、同学）的关系，从而影响其社会化，而这种不良的人际关系又进一步导致精神疾病的易感性。童年早期出现破坏性行为问题会增加成年期其他问题的风险，如辍学、较低的教育成就、难以适应婚姻及工作生活，甚至导致犯罪行为。

破坏性行为提示儿童青少年没有办法控制自己的情绪和行为，往往预示其整个生命周期中将会出现更多的心理问题。

践行园

思考：

1. 儿童青少年是否存在破坏性行为相关的问题？有研究表明正常的儿童青少年也会出现一定的挑战规则

的行为，如何将正常的儿童青少年叛逆行为与破坏性行为障碍进行区分？

2.请思考儿童青少年目前的破坏性行为已经对其情绪、人际关系、学业分别造成什么影响？

解析：

1.可以从以下几个方面进行思考。这些不良行为是否与其年龄相符？是否持续在多个场景下发生？是否对儿童青少年造成了严重的危害？

2.家长可以回顾和观察儿童青少年情绪波动。是否对其与家庭成员、其他小朋友之间的关系造成影响？或者是否影响其在学校的学习生活？造成什么程度的影响？

第二节 破坏性行为障碍的病因

导读台

- 儿童青少年为什么会患破坏性行为障碍？

知识窗

目前普遍认为破坏性行为障碍是由生物、心理、社会三方面因素共同作用所致，即有易感素质的儿童青少年与其经历的环境因素交互作用而成，其中存在互为因果的复杂关系。

破坏性行为障碍是多因素疾病

一、生物因素

对立违抗障碍有明显的家族聚集性，而品行障碍具有很高的家族遗传性，遗传度为 40% ～ 70%。

二、心理因素

破坏性行为障碍与儿童青少年的自我身份形成困难、对他人共情的能力受损以及自身的性格气质等有关。不良性格气质包括叛逆的个性、高水平的情绪反应、挫折耐受性差以及冷漠特质。

 **链接场**

冷漠特质

冷漠特质被认为是精神病态的核心特征之一，主要有缺乏悔意、缺乏共情能力或同理心、对自身表现不关心以及情感肤浅四大特征。有冷漠特质的破坏性行为障碍的儿童青少年对他人的感受、幸福和希望漠不关心,其破坏性行为也越严重、越有攻击性。

冷漠特质群体具有独特的社会认知和情感特征

三、社会因素

社会因素包括不愉快的家庭氛围、无效的教养方式、严厉且缺乏一致性的教养方式、忽视、低社会经济地位、反社会群体同伴的鼓励、学校监管不力等。

链接场

家庭环境对于儿童青少年的影响

在时常处于冲突模式的家庭中,父母的养育技巧通常是缺乏或无效的,尤其是在纪律和监督上无效。家庭成员主要以强制性互动为主,且经常缺乏监管,没有一致性的纪律,这实质上是让儿童青少年在接受家庭反社会行为的培训。

若父母婚姻不和谐、父母本身情绪有困扰将会造成父母无法给儿童青少年提供前后一致的教导，导致儿童青少年处于冲突的家庭关系中，并时常感觉到被拒绝。具有攻击性且缺乏社交技能的儿童青少年也经常被其同伴拒绝，这种拒绝又会导致反社会行为，从而形成恶性循环。

家庭环境对儿童青少年的影响

第三节　如何应对破坏性行为障碍

导读台

- 如何治疗破坏性行为障碍？
- 家长能做什么？

知识窗

一、破坏性行为障碍的治疗

治疗破坏性行为障碍时，应在对个人和家庭进行详细评估的基础上进行综合治疗。如果儿童青少年的生活环境存在明显问题，如明显被忽视或受到虐待，那么改变环境因素会对治疗有益。针对儿童青少年，可采取人际交往训练、解决问题技巧训练、认知行为疗法等个体心理治疗。家庭层面可采取家庭治疗或父母教育方式训练等方法。有效的综合治疗联盟需要家庭、学校、社区等多方面的参与。而对伴有攻击、多动、冲动、抑郁、睡眠异常者，可在专科医师评估后采用药物对症治疗。

二、家长能做的事

面对患有破坏性行为障碍的儿童青少年，家长一定是最着急、最自责、也最束手无策的。我们需要将思维方式从追究责任转换成以解决问题为核心，尽量保持情绪稳定。当儿童青少年情绪容易失控，出现了上述各种与其发育水平不相符的不良行为时，家长需要提高警惕，应尽早带儿童青少年前往专业的医疗机构进行系统评估，最大限度配合专业人员。

1. 首先自省家庭内部是否存在过度溺爱或者过度严厉、忽视或父母某方经常缺席抚养等不恰当的养育方式，有则改之。家庭内部尽量达成养育方式的一致性，积极整合家庭内部资源，给予儿童青少年更多高质量陪伴，尽量减少有害因素。在治疗过程中，付出时间和精力并感到痛苦和疲惫是不可避免的，也不应对家庭成员的抱怨过度反应。同时，家长应该尽可能地减少自我苛责并及时自我疗愈，从心理-社会等能力所及的层面给予自己及儿童青少年更多的支持。

2. 审视与儿童青少年的关系，一旦发现关系存在明显裂痕，为了改善关系，父母应当积极做出调整。秘诀在于保持冷静，不要做出条件反射般的反应。有所准备胜过心血来潮，教育方式有分歧可举行家庭会议进行讨论或者向专业人士寻求建议。

3. 改变与儿童青少年的沟通交流方式，使用非暴力性的沟通方式。保持与儿童青少年沟通的顺畅，以便更加了解儿童青少年的内心想法和需求。

4. 主动争取家庭、学校、社区中更多的资源来与儿童青少年建立温暖的联系，创造更多的保护性因素。可能的话，可组建或加入破坏性行为障碍儿童青少年家长的互助团体。家长可在团体中分享与儿童青少年沟通交流的技巧及经验，并从中获得情感支持。

5. 建议家长加强教养方式方面的学习，提高对于家庭系统的认知，以增强父母角色的胜任能力。推荐阅读书目《无法控制的儿童青少年：理解及管理儿童青少年破坏性情绪的辩证行为疗法技巧》《消失的父亲、焦虑的母亲和失控的儿童青少年》《青少年生活技能训练》。

（罗晨宇莉　周建松）

第 17 章　自伤

自伤常见于青少年，近年来普遍存在于在校青少年人群中，自伤与青少年情绪失调、抑郁症、自杀风险均有关，建议早发现、早干预。

第一节　自伤的概述

导读台

- 什么是故意自伤、非自杀性自伤/障碍？
- 故意自伤、非自杀性自伤/障碍有哪些分类？
- 故意自伤、非自杀性自伤/障碍的危害？

知识窗

一、故意自伤、非自杀性自伤/障碍

用尖锐物体（如刀片）切开或划伤皮肤、用头撞墙、用力咬自己、拳打脚踢或敲打自己、烧烫皮肤（通常用香烟）、吞咽危险物品，儿童青少年的这些行为经常反复，导致身体多个部位出现伤痕，有的家长不知道儿童青少年存在自伤问题，有的看到这些伤痕难免感到不安，也有的可能会觉得儿童青少年的抗压能力

太差，拿自己的生命威胁父母。但实际上自伤是一种常见的心理行为问题，是儿童青少年们痛苦的求助。

故意自伤在青少年及年轻成人中很常见，影响了全球17%～18%的青少年。在我国中学生中的检出率为27.4%，自伤行为的典型发病年龄在13～16岁，有的儿童青少年在12岁或12岁之前就开始出现自伤行为，在青春期中期左右（15～16岁）达到发病峰值，并在青春期后期（约18岁）下降。但在青春期反复出现非自杀性自伤行为的青少年，会增加长期心理健康问题、自杀和从事冒险行为的风险。在自伤前，他们会遇到人际交往困难，情绪不好等问题，如抑郁、焦虑、紧张、愤怒、苦恼或自责；对自伤行为感到难以控制，实施时全神贯注；无自伤行为时也经常想到要自伤。

故意伤害自己身体的行为

链接场

故意自伤（Self-harm）、非自杀性自伤/障碍（Non-Suicidal Self Injury, NSSI and Disorder, NSSID）是指并无结束生命的意图，故意伤害自己身体的行为，常常伴有一种迫切感与渴求感，常见于青少年，最常见的目的是缓解负性情绪。

尽管大部分实施NSSI的个体并没有寻求死亡的意图，但自杀观念往往先于NSSI出现，而反复实施NSSI也是日后自杀未遂的高危因素。

自伤的特点

二、自伤的危害

（一）身体伤害

反复自伤，轻者可能留下瘢痕，重者可能出现受伤部位的感染。少数有自杀倾向者，可能对身体造成严重损害，如可能切除身体某个部位；也有严重自伤的变相行为，如不安全性行为、吸毒，这些也是自伤的一种严重形式，可能引发怀孕、性病及毒品使用的相关身体问题。

（二）心理伤害

自伤者可能在网络上寻求同伴，通过与其他人比较伤口和伤疤，造成的同伴竞争可能增加自伤的频率和严重程度。有的自伤者分享如何在他人面前隐藏伤疤和伤口、"安全切割"技巧的内容也可能会阻碍某些个体寻求帮助。自伤者可能合并精神障碍，如抑郁症，影响其学业、人际关系。自伤者可能受到同伴的嘲笑、挑衅和骚扰，因此感到被孤立。自伤者可能有一定程度的自杀风险。

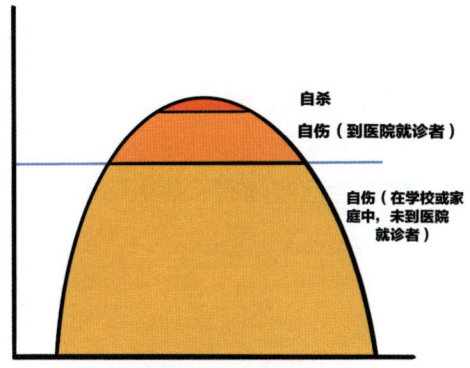

自伤与自杀的关系

第二节 故意自伤、非自杀性自伤/障碍的病因

导读台

- 故意自伤、非自杀性自伤/障碍的相关因素有什么?
- 儿童青少年为什么会故意自伤?

知识窗

一、神经生物因素

脑内化学物质(如内源性阿片肽、5-羟色胺、多巴胺水平)与自伤相关。早期创伤、遗传等会导致内源性阿片肽长期低于正常水平,这会影响个体的痛觉感受。而自伤使机体释放出内源性阿片肽,它可以缓解痛苦,增加愉悦感、欣快感。

二、个体心理因素

故意自伤者性格较敏感,容易冲动,情绪稳定性较差。心理健康问题或精神疾病也会对青少年的非自杀性自伤行为产生影响,如抑郁障碍、创伤后应激障碍、焦虑障碍。

三、环境人际因素

不良生活事件、创伤经历(负性生活事件、童年期虐待)、消极应对方式(打架、身体不活动)、不良网络使用、睡眠障碍、不良亲子关系等都会使青少年的非自杀性自伤行为的发生率增加。

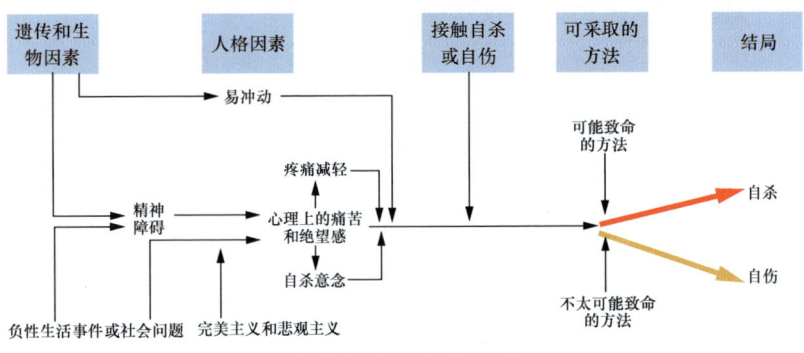

自伤的发生发展过程

第三节　正确应对故意自伤、非自杀性自伤/障碍

导读台

- 如何判断儿童青少年发生了故意自伤、非自杀性自伤/障碍?

- 如何治疗？
- 家长能做些什么？

践行园

故意自伤、NSSI 的预警信号

1. 行为预警信号 物质滥用、进食障碍、消极情绪、抑郁焦虑、低自尊。

2. 身体预警信号 非意外造成的割伤、抓伤、烧伤等；即使在夏季仍然穿着长衣长裤；能直接观察到的自伤行为，如抓伤自己、撞头、割伤自己、拉扯头发；频繁使用绷带；不愿意参加需要换衣服的活动（如游泳课）。

知识窗

一、故意自伤、非自杀性自伤/障碍的治疗

故意自伤、非自杀性自伤/障碍发病的高峰期在 12～18 岁，家长需特别关注这个时期儿童青少年的情绪状态和反常行为，如明显的情绪低落、人际冲突、失眠、吃不下饭或出现自伤行为（观察身体是否有划痕、淤青、结痂，许多儿童青少年会用外套、袖子或首饰遮挡）。当家长发现该行为时，应先尝试与儿童青少年沟通，了解他们自伤的背后原因。避免儿童青少年（尤其是有抑郁情绪、自伤史或有自杀倾向的青少年）接触到锐器、药物等危险物品。同时积极鼓励并带领青少年前往精神专科门诊就诊，让精神科医师对其精神状况及自杀风险进行专业评估，并拟定下

一步治疗方案。非自杀性自伤的治疗主要有药物治疗（抗焦虑药、抗抑郁药等）和心理治疗，后者包括辨证行为疗法、认知行为疗法、情绪调节训练以及家庭干预。

链接场

故意自伤、非自杀性自伤/障碍的诊疗流程

学校心理健康筛查→轻度、部分中度自伤行为→学校持续评估，专人管理，加强家校合作。

学校心理健康筛查→部分重复中重度自伤行为→精神科门诊就诊→全面评估（躯体状况、精神状况、非自杀性自伤症状、风险、家庭支持系统）→决定治疗场所（综合医院、精神科门诊、精神科住院）→躯体治疗、精神科治疗、社会心理干预→评估疗效并决定下一步治疗方案。

二、家庭日常照料策略

家长应当梳理好自己的情绪，在处理家庭冲突时父母应当采取和平友好的方式，尽量避免让儿童青少年暴露于争吵的环境当中，建立一个和谐的家庭氛围。

首先，不否认，不回避。自伤是儿童青少年的一种求助方式，否认和回避将会错失求救信号的接收，同时也会被自伤者感知为漠视与拒绝。虽然自伤者会尽可能的掩盖伤口，但却并不代表内心的伤痛不希望被看到。他们掩盖的是羞耻感，而非想要掩埋痛苦本身。

其次，不要指责自伤行为，而是要理解儿童青少年的这种情感表达方式，减少对儿童青少年的说教（"你不应该这样做"）、质问（"你到底在想什么，一点事就要死要活的"）、抱怨（"你的一点事让一家人都在受折磨"），更多地表达出理解（"我知道你很难过"）、支持（"会陪你一起度过困难"）。

最后，在适当的时候向专业医院求助。如果儿童青少年初期不想到医院就诊，可以在学校或是社会的专业心理咨询机构进行早期心理疏导。

践行园

当发现儿童青少年自伤时，与儿童青少年的沟通策略如下。

正确的态度：
- ✓ 保持冷静
- ✓ 温暖
- ✓ 不评价
- ✓ 表达关心和注意
- ✓ 倾听
- ✓ 接纳

正确的话语：
- ✓ "我注意到你近期似乎不开心，发生什么了吗？"
- ✓ "如果你想和人谈谈，我就在这里。"
- ✓ "我们现在怎样才能为你提供最好的支持？"
- ✓ "你当时确实很难受，你希望让自己感觉好点，对吗？"

错误的态度：
- 刻意忽视
- 过分夸大
- 否定该行为并替他做决定
- 质问
- 怨
- 威胁
- 处罚

错误的话语：
- "你这么做有病吧！"
- "你就是故意想操纵我们，想让我们难受！"
- "你再不停止，我就会惩罚你！"
- "一定是被你的那些朋友带坏的！"
- "你这样做一定是你有问题！"
- "你这样做是为了引起别人的注意！"
- "如果你不停止，我会惩罚你！"
- "很多人在生活中都经历不好的事情，但是他们都没有自伤！"
- "你自伤我就把你送进医院！"
- "你的自伤把生活弄得一团糟！"
- "快点告诉我，你把刀片藏到哪了？这种情况持续多久了！"
- "你为什么要自伤？"

（卢瑾）

第18章 游戏障碍

随着互联网的发展,儿童青少年网络游戏使用问题越来越引起关注。过度沉迷游戏,无法自控,为了玩游戏不择手段,影响学业……这是不是一种精神疾病?应该如何破解?

第一节 游戏障碍的概述

导读台

- 什么是游戏障碍?
- 游戏障碍有哪些类型?
- 游戏障碍有什么危害?

知识窗

儿童青少年过度沉迷网络游戏,明知道玩游戏的行为已经对自己的学业、健康、人际关系等造成损害,仍执意坚持,不可自控,当阻止其玩网络游戏时发脾气,家长应当有所警惕——儿童青少年是否患上了游戏障碍?

一、游戏障碍的定义及分类

游戏障碍是指一种持续或反复使用电子或视频游戏的行为模

式，主要表现为游戏行为失控，游戏成为生活中的优先行为，不顾后果继续游戏行为，并持续较长时间。根据游戏的种类将游戏障碍分为线上游戏障碍和线下游戏障碍。

游戏障碍患者对游戏行为不可自控

游戏障碍者以男性、儿童青少年群体为主，年龄分布与游戏障碍呈倒"U"形关系，发生风险在青春期达高峰，在近30岁时降低，患病率约为5%。

 **链接场**

游戏障碍纳入精神疾病

2019年5月25日，世界卫生大会审议通过《国际疾病分类》第十一次修订本，将"游戏障碍"作为新增疾病，纳入"成瘾行为所致障碍"疾病单元中。

游戏障碍纳入精神疾病

二、游戏障碍的危害

（一）躯体问题

长期沉迷游戏可导致睡眠不足、昼夜节律紊乱、营养不良、胃溃疡、癫痫发作等，严重者可因久坐形成下肢静脉栓塞，甚至引发肺栓塞而猝死。

沉迷游戏不能规律进食，出现营养不良

（二）精神心理问题

长期沉迷游戏提供的虚拟角色往往容易导致迷失自我、对现实中的自我缺少正确认识，诱发多种心理问题，如焦虑、抑郁、敌对、易怒、偏执、负罪感。

（三）社会功能损害

长期沉迷游戏会导致儿童青少年拒绝上学或参加社交活动，家庭冲突增多，学习成绩下降等。

沉迷游戏，睡眠不足，上课困倦，影响学习

第二节　游戏障碍的病因

导读台

- 儿童青少年为什么会患游戏障碍？
- 游戏障碍的发生与家庭有关系吗？

知识窗

一、生物学因素

游戏障碍者的脑部影像存在额叶多个区域、腹侧和背侧纹状体等脑区的结构和功能异常,包括执行控制功能下降、认知灵活性降低等,在做选择时具有更强的冲动性。

二、个性心理因素

游戏障碍者具有高冲动性、高神经质、内向等性格特点,部分还存在情绪调节不佳、抑郁焦虑、孤独、低生活满意度等问题。

三、家庭和社会因素

监护人不能陪伴或监护不力可能增加儿童青少年的发病风险。社会支持差、人际沟通不足、同学关系不良等也与游戏障碍的发生相关。

四、成瘾游戏的相关特征

主题明确、操作简单、控制感强的游戏,更能使玩家产生积极和沉浸体验,提高玩家的忠诚及参与度,使成瘾性增加。

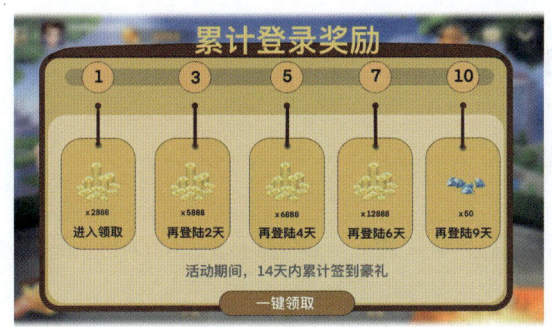

网络游戏奖励机制易致成瘾

链接场

中国互联网络发展状况统计报告

据中国互联网络信息中心第 48 次《中国互联网络发展状况统计报告》显示：截至 2021 年 6 月中国网络游戏用户规模达 5.09 亿；安装游戏类 APP 数量达 72.9 万款，占全部 APP 数量的 24.1%，列居第一位。中国 6～19 岁网民规模达 1.58 亿，占网民整体的 15.7%。

第三节　正确应对游戏障碍

导读台

- 如何判断儿童青少年罹患游戏障碍？
- 如何治疗游戏障碍？
- 家长应该怎么做？

知识窗

一、游戏障碍的诊断

《国际疾病分类》第十一次修订本（ICD-11）诊断要点如下。

（一）游戏行为符合以下核心特征

1. 持续或反复的游戏行为模式。

2. 失控性游戏行为，表现为无法控制游戏行为的发生、频率、持续时间、终止时间等。

3. 相比其他兴趣及日常活动，游戏行为成为生活优先事项。

游戏成为生活中的全部内容

4. 尽管游戏造成负面后果（如人际关系破裂、职业或学业受影响、健康损害）仍然无法停止。

5. 游戏行为模式导致明显的个人、家庭、人际关系、学业、职业或其他重要功能领域受损。

游戏行为造成家庭关系紧张、对立

（二）病程标准

上述游戏行为模式持续存在至少 12 个月，但如果症状足够严重且满足其他诊断要点，持续时间可短于 12 个月。

践行园

案例：

1. 小乐，男，18 岁，是学校的电子竞技比赛选手，在参加比赛之前，每天花大量时间玩游戏，这是不是问题？需不需要干预？

2. 小飞，男，15 岁，痴迷游戏半年，在玩游戏期间情绪不稳定，游戏行为对学习、生活、人际关系等没有明显的影响，这是游戏上瘾了吗？需要看医生吗？

3. 小雪，女，16 岁，痴迷游戏一年余，每天玩游戏的时间越来越长，明知道玩游戏已经明显影响学习成绩，仍不可自控。她是不是已经达到了游戏障碍的诊断标准？需要怎么治疗？

解析：

1. 小乐是电子竞技选手，在参加比赛之前，每天花大量时间玩游戏，其游戏行为是为了提高技能，更好地应对比赛，并不是行为失控，也不伴有健康相关的损害，不属于游戏障碍诊断的范畴。

2. 小飞痴迷游戏半年，对学习、生活、人际关系、健康等尚没有造成危害，但如果继续下去有相关风险，且玩游戏期间情绪不稳定，需要引起关注，适当控制游戏行为，预防游戏障碍的发生。

3. 小雪痴迷游戏一年余，明知玩游戏已经明显影响学习成绩，仍不可自控，且玩游戏的时间越来越长。小雪需要寻求专业帮助，关于是否达到游戏障碍的诊断标准则需要专家全面评估病情。

电竞选手的游戏行为不属于游戏障碍诊断范畴

 **链接场**

针对疑似游戏障碍患者进行全面系统评估，评估内容包括：

1. 是否存在游戏使用问题及其严重程度；
2. 是否有躯体健康问题或精神健康问题；
3. 学业、职业、人际关系、家庭关系等社会功能；
4. 游戏障碍是否合并其他精神行为问题。

二、游戏障碍的治疗

（一）心理治疗

1. 动机增强治疗　激发患者积极做出改变的内在潜能，如果患者有较强的改变动机，表明已经做好了改变的准备；如果患者对治疗的阻抗比较大，说明还没有做好准备，将影响行为改变的依从性。

2. 认知行为疗法　通过改变对思维和行为方式的不良认知，从而消除不良情绪和行为的治疗方法，强调通过认知的改变产生行为和情绪的改变。

3. 团体心理治疗　这是在团体情境下提供心理帮助与指导的一种治疗方式。参加成员通过自省、谈论等方式帮助其了解网络游戏行为，找出成瘾的具体原因，并通过丰富多彩的集体活动，让成瘾者体会到现实中人际交往的乐趣与重要性，以改善其人际关系，增加社会适应性，促进人格成长，并可获得有效的控制上网行为的方法，帮助其摆脱对网络的成瘾状态。

（二）药物治疗

目前尚无针对游戏障碍的具有临床适应证的药物，但游戏障碍患者可能存在精神、躯体等健康问题以及共病，需要药物对症治疗。

三、家长应该怎么做？

（一）提高网络素养，加强用网引导和监督

家长应该正确引导儿童青少年上网，帮助其树立正确的网络价值观，把网络当成方便生活的工具而非必需品；儿童青少年最初接触网络游戏的时候，帮助其养成良好的习惯，共同制订规范，如玩游戏的时间、时间段；家长以身作则，要求儿童青少年

做到的事情自己首先要做到。

（二）培养对儿童青少年有益的兴趣爱好

家长应当尊重儿童青少年的自主性，培养儿童青少年多方面的兴趣爱好，如运动、健身、器乐、棋牌，提升儿童青少年现实生活中的成就感，可以减少儿童青少年对网络的依赖。

（三）帮助儿童青少年完善现实社会关系网络

网络游戏成瘾的儿童青少年往往性格内向，朋友较少，现实生活中社交困难，更喜欢在网络游戏中寻找自我，增加自信。帮助儿童青少年完善现实社会关系网络，提高社交技能，可以减少儿童青少年对网络的需求。

（四）加强沟通，了解儿童青少年的心理需求

家长应加强与儿童青少年沟通，了解他们现实生活、学习中的困难、困扰，并协助解决。在处理儿童青少年网络游戏问题时，切忌简单粗暴。

家长与儿童青少年沟通交流，正确引导

（杨甫德　牛雅娟）

第四篇

心理健康促进及治疗

第四章

第19章 正念

家庭是个体成长的首要场所,也是伴随所有人一生的最重要的人际支持环境。家庭教养方式与质量不仅对儿童青少年的身心发展水平有着至关重要的影响,还影响着包括父母在内的每一个家庭成员的身心健康和生活质量,也因此影响着社会的健康和谐发展。

正念及正念训练在促进个体身心健康和人际和谐方面的效果近年来被广泛认可。正念教养作为正念在家庭领域的运用体系,在培育和谐家庭关系和高品质教养方面的作用也得到了科学研究的支持。本章将介绍正念教养的内涵和正念教养对化解家长养育困境的作用,以及学习正念教养的途径。

第一节 正念的概述

导读台

- 什么是正念?
- 正念与身心健康有什么关系?
- 怎样在生活中保持正念以及培育正念品质?

> 知识窗

一、正念的定义

正念是一个用来形容人们注意及意识状态的心理学概念,指"通过有意地、非判断地注意当下经验而生起的觉知状态",也被用来描述一个人在专注于当下和觉察自身经验方面的注意运用能力。用通俗的语言来说,正念就是一种活在当下的状态与能力,当我们可以不陷入头脑中对过去和未来的计算和忧虑,而是全身心投入在当下发生的事上,并且同时保有对自己"正处在这样一种注意状态中"的意识时,就是正念的状态了。一个人生活中这种全神贯注同时又能觉察自我的时刻越多,就是正念品质越好的表现。

正念

二、正念与心理健康的关系

正念与许多积极的心理品质有关，如良好的情绪、专注、自控力、自尊、友善、心理韧性，也与一个人的幸福体验紧密关联。积极培养正念的能力是一种有效的心理健康维护途径，还能对免疫系统、基因表达等生理健康产生有益影响。在教养关系中，正念品质可以支持家长对当下的实际情况有更多的客观觉察，理解自己的情绪又不陷入自动化的情绪反应，从而做出智慧的教养行为。

三、保持正念与培育正念品质

每个人都有一定程度的正念，只是我们经常不知道有意识地去使用它和锻炼它。通过有意识地改变一些生活习惯，我们可以创造一些让正念自然产生的条件。一次只做一件事，减少一心多用的情况，例如：

- 做家务时尝试投入家务本身，而不是想着做完这件事我就可以去做下一件事；
- 运动时，提醒自己放下内心的担忧和计划，有意识地体验身体感觉；
- 正念饮食，吃东西时关掉电子屏幕和收音机，充分享受食物的色、香、味；
- 与人交谈时，稍稍放下如何回应对方的"内心排练"，开放地倾听，全情投入地说；
- 每天保持固定的"专注"时刻，采取一些方式主动减少干扰；
- 每天与大自然保持一定的接触，出门时抬头看看天空，留意周围的树木花草和动物，意识到自己是整个宇宙的一部分，与许多生命共享着同一个地球；

……

除了在生活方式中有意识地带入觉察，练习专心地、投入地做事之外，各种形式的正念练习也是提升正念能力的有效途径。

链接场

正念练习

正念练习是一种旨在系统提升正念心理品质的心理练习，包括正式练习和生活练习。正式练习需要安排专门的时间，有意识地训练注意力安顿于当下经验，从中学习以觉察和不卷入评判的方式与身心经验共处。常见的正式练习包括正念呼吸、身体扫描、正念觉察声音与想法等静态练习，以及正念行走、正念伸展等动态练习。生活练习是将正念心理技巧有意识地运用于包括人际沟通、饮食、锻炼等日常活动中的一种练习。

想体验正念练习，可微信关注"正念专委会"公众号，查阅"正念练习引导音频使用指南"系列内容。

第二节　家庭教养中的正念

导读台

- 为什么说教养本身是一件充满压力的事情？
- 为什么教养需要正念？
- 正念教养如何做？

> **知识窗**

一、教养本身是一件充满压力的事

在任何时代，养育孩子都是一件充满压力的事。生命成长过程本身就充满了不确定：可能发生的疾病，儿童青少年年幼时对父母照顾的高需求，父母对于自己是不是一个好家长的担忧，环境因素的变化，婚姻和家庭状况的波动……所有这些都意味着在漫长的十几年时间里养育一个孩子长大是一件非常不容易的事。如今网络和电子屏幕的蔓延，以及合作养育资源的不足，尤其是对教育回报的高期待和教育焦虑，更是给父母带来了全新的挑战。如何在父母子女之间的日常经验中，给予教养双方更多积极的力量和选择的空间，使家长在为人父母的过程中，在和谐温暖的家庭氛围中行使有效的教养策略，是正念教养方法体系指向的方向。

教养中的压力

二、教养需要正念

许多家长并不缺乏关于家庭教育方法的知识,但这些知识经常不能真正得到运用。即使是那些受过良好教育的父母在压力和强烈的情绪下也有可能对儿童青少年大声喊叫和发脾气,甚至打骂他们,因为父母的压力会让教养技能变形。

当正念心理品质被有意地运用于家庭教养场景,能够给充满挑战的教养过程注入能量与智慧,支持父母从惯性教养行为和情绪旋涡中脱离出来,在情绪风暴中安顿身心,做出真正基于当下的智慧回应。父母在养育中的正念水平,可以预测良好的亲子关系以及更少的儿童青少年问题行为,与儿童青少年的精神健康也息息相关。因此,家庭教养中的正念是所有好的教养方法的基石,能够支持亲子亲密温暖信任的关系,塑造和谐家庭。

践行园

正念教养问卷——测测你的正念教养水平

请回顾过去两周,您的养育方式以及和儿童青少年的互动情况,根据实际情况,完成以下问题。

在过去的两周,根据以下描述与你的符合程度进行打分	1 从不	2 很少	3 有时	4 经常	5 总是
1. 我和孩子交流的时候,能够耐心地倾听并和他有感同身受的感觉。					
2. 当我和孩子在一起时,能在意识到自己分心的时候主动把注意力带回到孩子身上。					

续表

在过去的两周,根据以下描述与你的符合程度进行打分	1 从不	2 很少	3 有时	4 经常	5 总是
3. 我知道孩子在想什么,即使他/她没有告诉我。					
4. 当我看着孩子的时候,我能了解孩子的感受。					
5. 我能从孩子的一些行为表现中感受到孩子"正在谋划"什么事。					
6. 我可以准确预测孩子在某种情境下的反应。					
7. 我能留意到自己的情绪是如何影响孩子的。					
8. 我能与孩子的感受"同频"。					
9. 我能留意到孩子如何回应我的行为。					
10. 我能理解孩子行为背后的动机。					
11. 我能理解孩子为什么会如此行事。					
12. 我会和孩子一起玩闹甚至傻乐。					
13. 我可以接纳孩子真实的样子。					
14. 我相信自己目前的养育方式是最好的养育方式。					
15. 我相信自己有能力应对养育过程中的困难。					
16. 在管教孩子之前,我会考虑自己的感受。					
17. 在管教孩子之前,我会考虑孩子的感受。					
18. 当孩子的行为让我心烦时,我会留意自己的感受。					
19. 当孩子让我心烦时,我会让自己平静下来。					

续表

在过去的两周,根据以下描述与你的符合程度进行打分	1 从不	2 很少	3 有时	4 经常	5 总是
20. 在做出反应之前,我会留意到自己此刻对孩子行为的想法。					
21. 当孩子的行为打扰到我时,我会让孩子知道他/她正在影响我。					
22. 在惩罚孩子之前,我会花点时间思考一下。					
23. 我会选择从长远看对孩子更有益的做法,即使目前有更容易的解决方式。					
24. 我会询问孩子的意见。					
25. 我会花时间思考自己的养育方式。					
26. 我会多角度地思考孩子做出某种行为的原因。					
27. 为了完成作为一个父母应该达成的目标,我会尝试放慢自己的反应速度。					
28. 我会让孩子知道被惩罚的原因。					

分数越高,代表教养中的正念水平越高。您也可以借以上题目的表述来理解正念教养的具体表现。

三、正念教养的做法

正念教养更多的是一种态度和心理模式,而不是一种结构化的、系统的养育方法。其核心能力是父母与儿童青少年建立一种平静的、专注于当下的、和平的关系,可以从以下几个方面着手培养。

(一)有意识地注意与专注

有意识地将注意力带入为人父母的每一个当下,和儿童青少年一起投入到当下的活动,而不是心不在焉地和儿童青少年在一起。一些正念练习的技巧可以帮助父母将这种高品质的注意带入到当下,如缓慢地深呼吸,有意识地将注意力投入感官感觉,利用视觉、听觉、味觉、触觉等感官来集中注意力。例如,和儿童青少年拥抱的时候,闻闻他们身上的味道,看看他们清亮的眼睛,聆听他们可爱的声音,这些经验会自然而然地让家长真正与儿童青少年同在。

(二)觉察

在情绪变得强烈和不可收拾之前,就有意识地透过身体感觉觉察到自己的情绪信号,也觉察到儿童青少年的情绪信号,从而为智慧的回应创造空间。一定时间的正念练习(如身体扫描)可以加强这种觉察的能力。

(三)接纳和非评价

有意识地面对承认和允许当下所有经验,而不是把它们视为"坏的"甚至是"敌人",因为回避或对抗经验往往会引起更大的问题。只有对当下经验保持开放的态度,才能防止自动化的行为反应。家长接纳自己和儿童青少年的情绪,这并不意味着家长需要接受儿童青少年的行为。相反,家长只是看清并接纳驱动儿童青少年行为的情绪和其他原因,才可以支持儿童青少年做出改变。

链接场

标准化的正念教养课程

世界上第一个获得较多实证研究支持的标准化正念教养课程,是由荷兰阿姆斯特丹大学亲子心理健康研究中心的临床心理学家 Susan Bogels 和 Kathleen Restifo 开发的。该课程专门为那些在教养过程中遇到较大困难的家长(如患有多动症儿童青少年的家长)开设,用于缓解这些家长的教养压力。家长在该课程中系统学习在教养过程中有意识地将不带评判的专注带入当时当下,对儿童青少年和自己以及亲子互动模式及代际传递发展出深入的理解,从而开发家长内在的资源与智慧,将教养由有压力的事情转化为能够同时滋养家长与儿童青少年双方的过程。

(四)共情和关怀之心

共情是所有良好沟通的基础,也是解除儿童青少年防御的良药。当儿童青少年分享他们的感受时,家长应当真诚地倾听他们,而不是因为儿童青少年的言语或感受责骂他们。将儿童青少年的感受反馈给他们(比如"你很难堪,因为你的老师在全班同学面前批评了你"),儿童青少年会因此感到被真正地看见和接纳,从而能够理解自己复杂的情绪,放下防御,并做出行为上的改变。

值得注意的是,所有指向教养过程的正念技巧,首先都源于家长自身的正念。所以,家长学习正念教养,往往先从培育自身的正念水平开始。

(宋晓兰)

第 20 章　家庭治疗

家长塑造儿童青少年，同时儿童青少年也是改变家长的催化剂。在心理治疗的过程中，即使再出色的家庭治疗师，也无法替代家长的存在。开展家庭治疗要循序渐进，应给予儿童青少年与家庭之间的联结以充分的尊重和坚定的信心。

第一节　家庭治疗的概述

导读台

- 什么是家庭治疗？
- 怎样从系统的视角看家庭？
- 家庭治疗师是如何帮助到家庭的？

知识窗

"无果的果树，因不结果而遭受责骂，但谁曾探究过土地的贫瘠？折断的丫杈，因枯木朽烂而遭受责骂，难道这不是因为大雪的重压？"德国戏剧家、诗人贝托尔特·布莱希特的诗歌发人深省。是的，没有任何一种行为能够在脱离系统和社会背景的情况下被理解和改变。儿童青少年出现情绪或行为问题时，家长要把他们放在家庭、学校、社会环境中去看待，全面地理解儿童青少年，建立信任的亲子关系，才能真正帮到儿童青少年。

家庭治疗起源于20世纪50年代,与当时的儿童指导运动、团体治疗、对重性精神疾病的心理干预等发展密不可分。家庭治疗进入中国是在20世纪80年代末期。现在,家庭治疗在我国得到了长足的发展,中国也进入了既尊重个体,又强调家庭的阶段。

家庭治疗是儿童青少年心理治疗领域被广泛使用的方式之一。在德国,家庭治疗作为住院儿童青少年精神疾病的常规治疗方法,已经有超过40年的历史。儿童青少年家庭治疗已经非常普及,并且评价良好,对药物滥用、进食障碍、慢性病和违法行为等具有极大潜在痛苦的严重精神障碍尤其有效。

儿童青少年家庭治疗的出发点是一种生态学视角:受病痛折磨的儿童青少年并非生活在真空中,他们是家庭的一员,以及整个社会关系系统中的一部分。儿童青少年发展的各个方面都受到家庭、学校、社会环境的决定性影响。因此,不要孤立地治疗儿童青少年,而要把他们放在家庭、学校、社会环境中去看待。在治疗过程中纳入对他们生活环境的考量,才能全面理解他们的痛苦。可见,从系统的观点来看,家庭、学校和社会环境对于精神障碍的形成和治疗至关重要。

家庭治疗对人的设想主要是积极乐观并会自行寻求解决方案。它基于这样的假设:来访者本身具备有助于解决当前问题的能力和策略。事实上,大多数儿童青少年和家庭有潜能应对困难情况。

那些能够应对重大压力的家庭具有以下特征:开放式沟通和良好的情感交流,能灵活处理权利、角色和任务,善于利用社会支持,有凝聚力。如果家庭成员互相肯定和重视,家庭对压力就更能应对自如。

家庭经历压力巨大的情绪问题和冲突,在应对和寻求建设性解决方案的过程中,家庭治疗可以提供帮助。

第 20 章 家庭治疗

家庭成员积极沟通

儿童青少年家庭治疗开展工作的前提是：儿童青少年需要他们的家庭和家人。他们需要持续地与父母保持联结，同时需要来自父母的指导。

儿童青少年家庭治疗的核心议题是：在不断变化的人生阶段中，如何平衡自主性和个性化的愿望与加强亲密和联结的诉求两方面的关系。个体在成长过程中，既要身处家庭关系的背景里，又要与家人有所不同地独立出来，在这双重力量的同时作用下取得平衡。儿童青少年家庭治疗工作就是在尽可能的情况下，维系儿童青少年与他们家庭之间的关系。帮助儿童青少年和他们的父母，在既各自独立又彼此联结的前提下共同成长。

家庭治疗中最重要的工具就是治疗师本人：治疗师采取一种积极乐观、创造性和有趣的态度。治疗师的幽默和坦率、分享自身经历和自嘲，以及充满信任的氛围，都会将治疗带入一个良好、舒畅的轨道。

治疗师的立场是全方位的：既要维护儿童青少年面对父母、兄弟姐妹时的权利，也要同时强化父母的合理需求。此外，该疗法注重合作，广泛动员社会支持，包括教师、朋友、青少年福利机构的工作人员、其他专业帮助者以及更广泛的家庭成员。

儿童青少年家庭治疗倾向于短程治疗，通常需要 5～15 次会面。对于病情严重的儿童青少年或者有严重障碍的父母，治疗时间也可以更长，治疗周期并非一成不变。

践行园

对于身体疾病，我们知道要"早发现、早治疗"，心理上的困难也一样。当家庭关系变得紧张、争吵变多、大声说话不再管用的时候，我们需要尽早提出问题、面对问题。儿童青少年心理问题可预防、可治疗，家长要关注儿童青少年心理健康，及时采取措施，用科学的方法支持儿童青少年。

第二节　家庭治疗师的核心任务

导读台

- 家庭治疗师是如何引领家庭改变的？
- 怎样完善家庭的支持系统？

知识窗

家庭治疗师帮助人们理解复杂人际关系中的互动模式。不同于关注个人内心状态的一般心理治疗，家庭治疗的目标在于促进家庭成员之间的理解与合作。

家庭治疗师的核心任务，就是引领家庭改变他们的视角，激发他们利用自己的资源，去赞扬和肯定家庭在过去不利的生活环境下的奋斗经历，发掘出本身的能力，并引领出改变的可能性。家庭治疗的艺术并不在于直接改变人，而是创造出一种环境，让改变一步一步地发生。

一、转换视角

从发展心理学和系统的角度来理解，家庭所深陷的问题往往是顽固坚持线性的、自我中心的立场所带来的后果。表现为单单把对方看作问题，只选择性地通过特定角度看待某种情况，不轻易改变自己的视角，也不思考前后关联。视角的转换会带来震撼人心的改变契机。

一位儿童青少年因抑郁而住院，孩子妈妈这样说："开始我以为孩子病了，是意志力不够坚强，我很恼火；后来，我发现孩子生病和我们夫妻之间的关系以及多年的养育有关系，是原生家庭的错，我很内疚，也一直在补偿孩子，但还是没有多少改善，我几乎绝望了。但现在我知道了，心理疾病是生物、心理、社会综合作用的结果，不是任何一个人的错，但每个人都可以在其中发挥重要作用。我感觉自己又有了改变的希望和力量。"

二、激活资源

我们习惯了看到问题中的"问题"，却难以看到问题中支撑我们的"资源"。它可能是我们生命中相遇的亲人、朋友、同事，也可能来自我们自己的内在——品质、能力、优势……探索是为了给自己和家人更美好的生活。

一位在海外留学攻读博士学位的 22 岁男生因无法处理留学

生涯中的诸多困难，不得不休学。对他而言，学业压力固然很大，但他更大的压力来自经济上的困难。学费、住宿费、生活费等压力，让他喘不过气来，很难把精力放在学业上，导致继发学业上很大的困难。那么，父母等家人是否有经济实力在他求学阶段给他必要的经济支持呢？毕竟，这个阶段，对他而言，心无旁骛地完成学业才是重中之重。这位男生的回应是，其实家里经济条件不错，但他难以启齿寻求支持。毕竟已经22岁了，还靠家人，觉得张不开嘴。

　　后来，他看到了更大的系统并激活了系统中的资源：家庭本身可以看作一个系统。家庭中每一位成员的发展与整个家庭的发展是息息相关的。家人之间理应互相支持、互相帮助，这是促进家庭中每一位成员更好发展的基础；而每位成员的发展也推动了整个家庭的发展。家庭治疗帮助他理直气壮、大大方方地主动与父母沟通，说明自己面临的困难，并明确提出需要父母帮助的部分。父母没有料到他面临这么大的难处，因为他一直是报喜不报忧，父母并不了解实情，更难理解和帮到他。父母很心疼儿子，表示他们愿意和儿子一起面对生活中所有的困难，给儿子力所能及的支持。

找到系统中的支持

三、创造可能性

家庭治疗可以帮助儿童青少年和父母在既各自独立又彼此联结的前提下共同成长。改变不一定翻天覆地,有时候如同细柔的波动,就能够在家庭中触发新的可能性,创造家庭所期待甚至意想不到的新变化。系统的变化,激发个体成长的无限潜能,创造属于家庭改变的脚本。

上文提到的这位22岁的男生,在他理直气壮、大大方方地主动与父母沟通,说明自己面临的困难,并提出需要父母帮助的部分之后,触发了新的可能性,创造了家庭意想不到的新变化。他自己不再感觉愧对父母,尴尬和内疚减轻了;父母对他更加理解和支持,帮助他解决了经济压力,他可以心无旁骛地把精力全部放在学业上,学业压力明显减轻。在新学期开始时,他开开心心回到学校继续读书。他与父母的关系更加亲密,他们成为队友,可以共同面对生活中的风雨了。可见,当初他主动告知父母自己面临的困难以及所需要的帮助,这样一个微小的改变,为整个家庭系统带来了巨大的变化。

 **链接场**

很多家庭问题会在儿童青少年青春期时涌现,家长会发现儿童青少年出现各种各样的"问题"。此时,家庭系统中旧有的互动模式需要被反思和改变。祖父母的衰老、中年夫妻的婚姻,都在这时考验着每个家庭成员。但"危机"也是"契机",这是一个重塑亲子关系的机会,巩固彼此的支持和信任至关重要。

践行园

家庭中一个人的改变就可以带领整个家庭发生改变。儿童青少年的"症状"和"问题"是向整个家庭呼救的信号,父母有必要读取信号,团结儿童青少年一起揭开谜题。每个家庭都有完善系统的潜力和能力。

第三节 家庭治疗师和家庭之间的关系

导读台

- 家庭治疗师和家庭是怎样合作的?

知识窗

可以用"登山向导"来比喻家庭治疗师和家庭之间的关系:治疗师受一家人的邀请为其指引穿越全新区域的道路。"登山向导"服务于家庭,帮他们到达一个约定好的特定目的地。受益于治疗师之前多次实地考察的经验,以及对这片新领域掌握的专业知识,他们知道哪些路容易、哪些路费力,他们认识捷径和弯路、观光点和危险路线,他们清楚哪些地方需要人们提前准备好应对雷暴风雨或其他意外,他们知道哪些准备和装备必不可少。

至于这家人是想继续前行还是宁愿原地不动,是想走完全程还是满足于登上一个小台阶,或者行至半途宁愿折返,这都取决于他们自己。

登山向导

这会是一次冒险之旅还是闲庭散步，共同上路是兴趣盎然还是劳心费力，这要看这家人是如何应对处理的。

作为"登山向导"，治疗师可以指出正道和歧途，但是要想前行，每个家庭成员都必须亲自一步步走下去。有些目标必须有耐心和毅力才能抵达。

践行园

如果儿童青少年可以与家庭保持联系，如果父母始终不曾放弃他们，如果在他们探索自我独立人格的过程中，始终感觉与家庭紧密联系，他们会有更好的发展、更长足的进步。在儿童青少年成长的漫长历程中，父母理应成为儿童青少年心理健康的第一责任人。无论面对怎样的困境，父母善于反思，主动寻求专业人士的帮助，与家庭治疗师紧密合作，承担起彻底改变的责任，那么，父母收获的将不止是儿童青少年一个人恢复健康，而是整个家庭的发展。

是的，父母一个人的改变，将带来整个家庭的改变！

（林红　薛依荷）

第21章 人际关系疗法

儿童青少年的人际关系是个体逐渐社会化的重要组成部分。良好的人际关系可以帮助他们满足心理需求，完善社会技能，发展自我意识，促进心理健康。本章我们将重点介绍儿童青少年的人际关系特点以及如何利用人际关系疗法帮助父母和儿童青少年更好地沟通。

第一节 人际关系的构成和特点

导读台

- 儿童青少年人际关系的构成有哪些？
- 儿童青少年人际关系的特点是什么？

知识窗

心理学家埃里克森提出了人格发展理论，该理论分别用八个阶段描绘人格发展过程中的发展任务和挑战。其核心观点是，个体每一阶段有着独特的发展任务和挑战，只有解除了上一阶段的成长危机才能来到下一个阶段，人格逐渐发展成熟。

儿童青少年对应了该理论中的学前期、学龄期和青年期，这三个阶段有不同的发展任务，而这三个阶段都与人际关系息息相关。

埃里克森人格发展八个阶段

阶段	年龄	发展的危机（冲突）	人格发展任务	积极结果	消极结果
婴儿期	0～1岁	基本信任对基本不信任	发展信任感，克服不信任感	信赖他人、乐观、有安全感，形成希望品性	产生对他人的不信任感，焦虑和退缩
儿童早期	1～3岁	自主对羞怯和疑虑	培养自我控制感和自主性，克服羞怯和疑虑	产生自信自信和自主，形成意志品性	缺乏自信，怀疑自己的能力，过度自我限制，顺从、任性或反抗
学前期	3～6岁	主动性对内疚	获得主动取，体验目标的实现，克服内疚感	主动进取，有创造力，形成目的的品性	缺乏自信，畏惧退缩，缺少自我价值感
学龄期	6～12岁	勤奋对自卑	体验勤奋带来的乐趣，成勤奋感，克服自卑感	学会与他人竞争、合作，遵守规则，形成能力品性	感到自己能力不够，产生自卑感
青年期	12～20岁	同一性对角色混乱	建立自我同一性，防止角色混乱	接受自我，有明确的生活目标并为之努力，形成忠诚品性	自我感觉混乱，无生活目标和方向，容易彷徨迷茫
成年早期	20～25岁	亲密对孤独	建立与他人的亲密关系，避免孤独感	有亲密的人际关系，具有良好的协作精神，形成爱的品性	感到与社会及周围环境格格不入，寂寞孤独
成年中期	25～65岁	繁殖对停滞	有生产能力和创造力，获得成就感，避免停滞感	用心培养下一代，热爱家庭，有创造力，形成关心品性	不关心他人、社会，自私自利
成年晚期	65岁以后	自我完善对绝望	获得完善感，避免绝望感	回顾人生感到圆满和满足，不惧怕死亡，形成智慧品性	悔恨旧事，感到痛苦和绝望

一、儿童青少年人际关系的构成

儿童的交往对象主要是父母、教师和同伴。随着儿童独立性和自主性的增加,对成人的权威开始产生质疑和思考,同伴交往在儿童生活中占据越来越重要的位置。

青少年的交往对象以同伴为主,其次是父母、教师和其他成人。在同伴交往中,除了发展友谊,随着性意识的萌发,进入青春期后的青少年还需要处理与异性同伴之间的关系,有些青少年开始发展恋情。另外,青少年相比儿童更加独立自主,且有一定的物质条件,交往对象从现实生活拓展到虚拟世界,网络交友变成拓展人际圈的一种方式,因此网友也成为其人际关系的重要部分。

网络社交逐步成为新的社交方式

链接场

2021年，有研究历时8个月对上海某区1086名青少年开展了全面调研。调查发现，青少年生活中的负性事件越多，心理健康状况也就越差。而青少年在人际关系和学习压力两个负性事件维度的得分明显高于其他维度。这说明不好的人际关系会给青少年身心健康造成巨大影响。

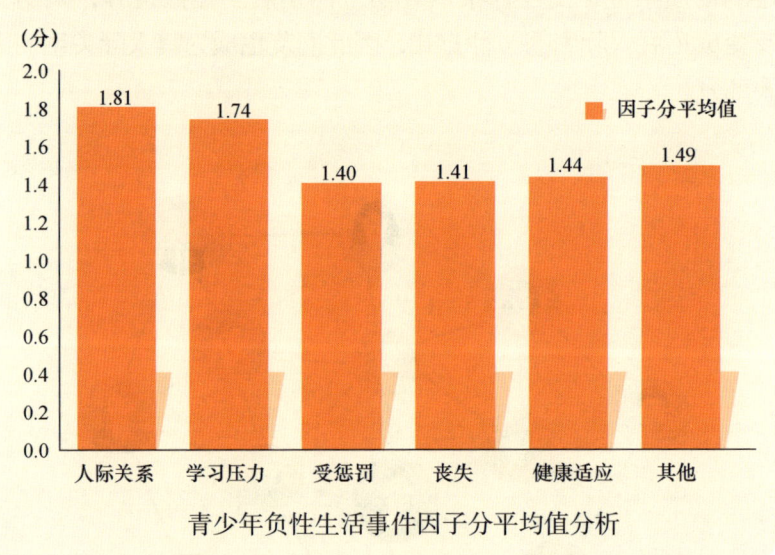

青少年负性生活事件因子分平均值分析

二、儿童青少年人际关系的特点

儿童青少年的亲子关系、师生关系和同伴关系在成长过程中都发生着巨大变化。

（一）亲子关系

对父母的依赖开始有所下降，青春期时强烈渴望独立，反对父母干涉和控制；父母在教养方面所处理的日常问题类型从解决实际问题到处理情绪情感；父母的榜样作用在变弱。

（二）师生关系

随着年龄的增长，儿童青少年的独立性和评价能力提高，对教师的态度慢慢发生变化，从崇拜和敬畏到开始对教师有自己的评价。

（三）同伴关系

开始建立友谊和同伴团体；开始寻找志同道合、性格相近、互相理解的同伴，发展更亲密、稳定、持久的友谊；发展与异性同伴之间的友谊；青春期开始发展浪漫关系。

及时识别儿童青少年的人际关系问题

践行园

怎样知道儿童青少年在人际关系问题上遇到了挑战?

您的孩子有这样的情况吗?经常和家长发生激烈争执或不愿意沟通;不想上学;生活中没有朋友;和同学老师相处不愉快;容易自卑;怕出丑被嘲笑;过于成人化的行为,如抽烟、文身。如果有,家长需要注意儿童青少年是否出现了人际关系问题。

第二节 人际关系问题形成的原因

导读台

- 人际关系疗法的理论概念是什么?
- 人际关系疗法视角下,人际关系问题形成的原因有哪些?

知识窗

一、人际关系疗法

人际关系疗法(Interpersonal Psychotherapy,IPT)认为,遗传和生物特征、个体的气质类型、人格特质以及早年生活经历决定了个体特定的依恋类型。依恋类型决定了个体在社会关系中的人际模式,并影响个体目前的社会支持网络以及获取重要人物支持的能力。此外,人际功能还取决于个体在社会人际关系中的压力程度、个体生活的文化族群及其价值观等。由此可见，IPT 关于精神障碍原因的观点是生物-心理-社会-文化-精神的整合模式。

二、IPT 视角下，人际关系问题形成的原因

（一）生物遗传基础

个人的人际关系相处能力和共情能力不仅由后天环境决定，也有其先天生物遗传基础。神经学家马可·亚科博尼发现，大脑中有一种脑细胞——镜像神经元，它可以"反射"个体从他人那里感知到的东西。镜像神经元让个体能够理解他人的行为、意图和感受，从而进行交流，这是人际交往的重要能力。例如，当我们看到某人悲伤时，镜像神经元就会激活，这让我们能够体验同样的悲伤并产生同理心。

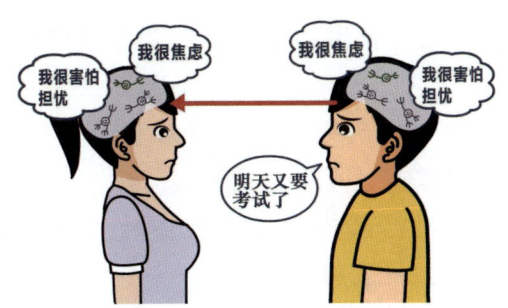

镜像神经元帮助我们产生同理心

（二）依恋类型

英国精神分析家约翰·鲍尔比于 20 世纪 50 年代提出的依恋理论是心理学领域最具影响力的理论之一。它论证了生命之初婴儿和看护者关系的重要性，并且预测了这些依恋模式将在个体的余生塑造与他人发生联系的本质，IPT 根据不同的自我模式和他人模式分为四种不同的依恋类型。

链接场

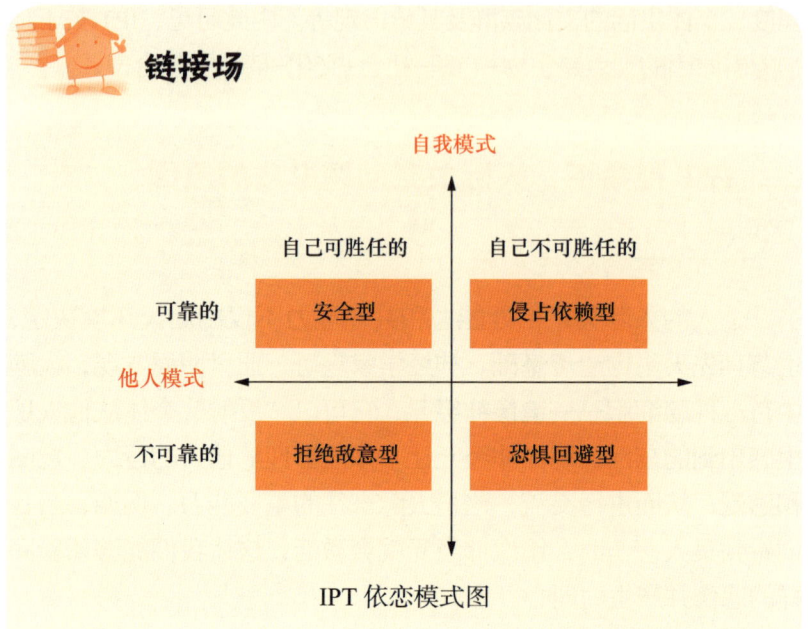

IPT 依恋模式图

安全型：在关系中，认为自己是有胜任力的，他人是可靠的。

侵占依赖型：认为自己没有胜任力，他人是可靠的，在关系中容易过度依赖他人。

拒绝敌意型：认为自己是胜任的，他人是不可靠的，相信自己、拒绝别人。

恐惧回避型：既不相信自己，也不相信他人，在关系中恐惧、回避。

（三）沟通模式

依恋理论涉及的是广泛或宏观的社会背景中的人际交往模式，而沟通理论注重微观层次中个体具体的人际交流形式。依恋类型成为特定交往形式的"模板"，而个体适应不良的依恋类型所导致的交流模式又通常在受到他人拒绝后不断被强化，因为不安全依恋类型者往往由于自身的无效交流最终导致疏离他人或激起他人的拒绝反应，这种现实的拒绝进一步强化他们相信自己永远得不到足够关爱的内部工作模式。

（四）社会关系

社会学理论由亨德森等于 1982 年提出。社会学理论认为社会关系的缺乏是导致情绪低落的原因。社会学理论并不将早年的经历和关系作为唯一的致病因素，而是认为，当前的社会人际关系中的压力是心理障碍的一个独立因素。

第三节　应用人际关系疗法处理人际关系问题

导读台

- 人际关系疗法处理的主要人际关系问题有哪些？
- 可供家长参考的具体沟通技术有哪些？

知识窗

一、人际关系疗法聚焦的主要人际关系问题

人际关系疗法主要聚焦处理以下三个方面的问题领域，分别是：人际冲突，如亲子冲突、同伴冲突；哀伤和丧失，如失去亲人、宠物；角色转换，如父母离异、转学、毕业。人际关系疗法是希望通过改善人际关系以达到缓解情绪、提升社会支持，并通过此良好沟通行为的反复累积，以期达到改变依恋模式，使其向

安全型依恋的方向靠拢。

二、可供家长参考的沟通技术

（一）选择合适的沟通时机

与儿童青少年的沟通需要选择合适的时机。合适的场合、地点、时间是良好沟通的前提。在愉悦的环境和和谐的氛围下，沟通会变得顺畅。

（二）倾听

倾听几乎是大家耳熟能详的必备能力，但实践起来却并不容易。我们要带着充分好奇的态度去了解对方想要诉说的事情，这时候"5W"提问法非常有效，即时间（when）、地点（where）、人物（who）、事件（what）、原因（why），充分地使用开放式提问而非封闭式提问（即用"是""否"就可以回答的问题），打开对话的广度和深度。

（三）人际关系圈

邀请儿童青少年根据自己的主观评估，在人际圈内写上 7~8 个不同关系程度的亲人或朋友，并且描述与圈中不同人交往的主要事件，可了解其人际关系问题，识别相关沟通模式和依恋类型。

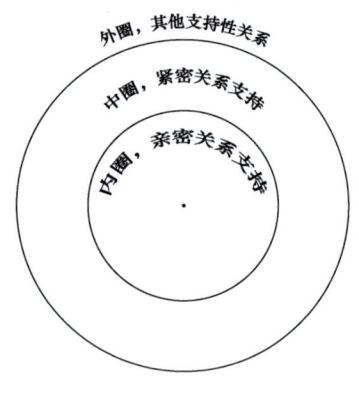

人际关系圈

（四）沟通分析

沟通分析目的是确定沟通在哪些方面是无效的，并且鼓励直接、清晰的沟通。常常发生的情况是：我们通过语言传达的内容，从他人的角度听起来，和我们真正想表达的不一致，说不定还会让对方耿耿于怀。我们来比较一下两句话:"你刚刚打断我的时候,我感到非常生气"和"你总是打断我,从不让我把话说完",后者的回应使用了"你""总是""从不"等带有评价性的词语,而前者的回应从行为的角度客观描述对方的行为,并且以第一人称表达自己的感受,有利于避免主观臆测,促进沟通。

践行园

您的孩子是否正面临同伴关系的困扰?可以试着使用下图中的沟通分析提问方式来跟他/她交流,分析沟通中存在的表达不清晰或者传递情感不准确的情况。

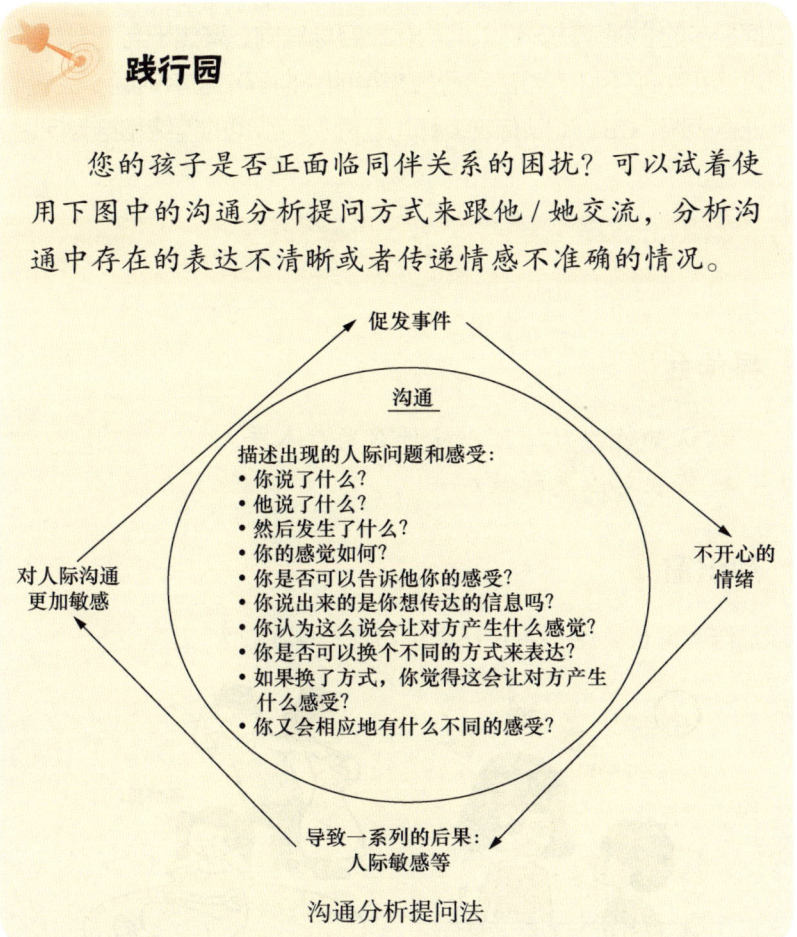

沟通分析提问法

(王璐　方圆)

第22章 认知行为疗法

认知行为疗法（Cognitive Behavior Therapy，CBT）目前是循证依据最多的心理疗法。它以结构化、目标导向、聚焦于当下为特征，通过修正功能不良的想法和行为来帮助人们解决当前问题。大量研究证据表明，CBT可以有效缓解儿童青少年常见的情绪和行为问题。

第一节 认知行为疗法的原理

导读台

- 认知行为疗法可以从什么角度入手？
- 家长可以怎样做？

知识窗

作为家长，您是否平日里也有这样的困扰？

儿童青少年常见的情绪和行为问题

来寻求专业心理帮助的家长，通常都是先发现儿童青少年情绪或行为上的不对劲。CBT认为，儿童青少年之所以产生情绪和行为问题，是因为头脑中产生了不符合现实、歪曲的想法。这些想法就像一个龙卷风似的陷阱，让他们

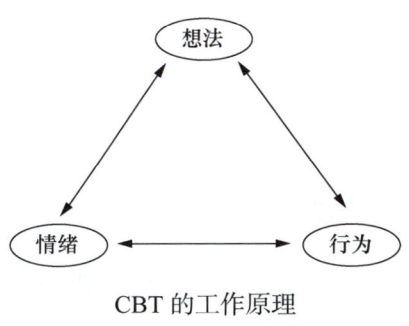

CBT的工作原理

的思维方式陷入某种恶性循环而不得自拔；因此，这些想法也被叫做思维陷阱。当儿童青少年掉进思维陷阱时，如"别人就是不喜欢我""我就是一个废物"，可能就会激发儿童青少年强烈的情绪，并采用一系列功能失调的行为，如自伤、不去上学，同时还可能产生强烈的身体反应，如头疼、胃痉挛。

识别和改变想法是CBT工作的核心之一。通过识别和改变歪曲的想法，并帮助儿童青少年发展出更具有适应性的情绪调节策略和提升问题解决技能，进而改变情绪和行为问题。同时，还可通过改变行为，从而改变儿童青少年的情绪感受和想法。

 **链接场**

CBT的核心之一：自动想法

我们的脑海中每天都会突然冒出千万条想法，即自动想法。它们有时一闪而过，很难注意到。产生情绪或行为问题的关键不在于想法的出现，而只有当这些想法是"思维陷阱"时，才会对情绪或行为起到推波助澜的作用。

第二节 情绪的命名和评估

导读台

- 日常生活中的常见情绪有哪些?
- 如何识别和评估儿童青少年的情绪?

知识窗

情绪是帮助识别自动想法非常好的线索。在抓住自动想法之前,需要先学会认识和评估当下的情绪。

一、情绪的命名

日常生活中常见的情绪包括开心、忧伤、愤怒、害怕、悲伤、惊讶等。

哪些线索表明儿童青少年处于积极情绪中?哪些线索表明儿童青少年处于消极情绪中?儿童青少年处于情绪中的想法、面

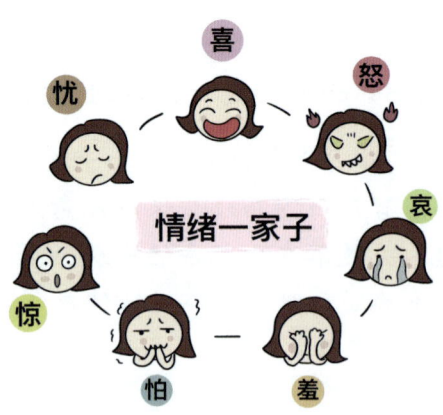

部表情、身体反应和行为反应都是帮助我们识别和命名情绪的线索。例如,当儿童青少年要去参加考试感到害怕时,可能会想着"我肯定会考砸导致没有未来了",一副眉头紧锁和满面愁容的样子,伴随身体紧绷和心跳加快等身体反应,并可能出现回避考试的行为反应。

二、情绪的评估

当情绪出现时,可使用"情绪温度计"帮助儿童青少年对情绪进行评分,"0"表示"一点也不","10"表示"非常"。例如,儿童青少年和同学争吵后有些生气,这时的愤怒情绪可能是"6"。

需要注意的是,在协助儿童青少年使用 CBT 技术之前,家长对自己情绪的识别和调整非常重要!下文介绍的所有方法家长都可用到自己身上。家长先达到情绪稳定,才可能有效协助儿童青少年对情绪进行识别、对想法和行为进行调整。

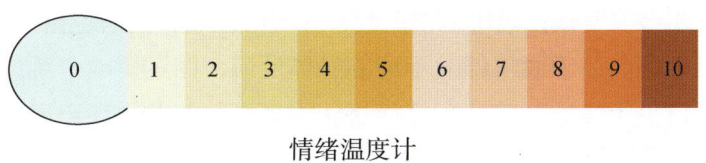

情绪温度计

第三节 情绪问题与应对技术

导读台

- 儿童青少年常见的情绪问题有哪些?
- 哪些 CBT 技术可以帮助儿童青少年应对情绪问题?
- 家长可以做什么?

> **知识窗**

通常来讲，情绪问题属于内化问题。家长需了解儿童青少年常见的情绪问题，先评估儿童青少年可能出现了什么情绪问题，再按图索骥地选择并使用相应策略。

一、常见情绪问题

（一）抑郁

情绪低落、开心不起来、疲惫/无力、什么都不想做、原本喜欢的东西也变得不感兴趣了、注意力和记忆力下降、睡眠质量差和早醒是抑郁的常见表现。也有儿童青少年可能主要表现为烦躁易怒。自责和自我评价低是儿童青少年抑郁时典型的认知特点。

（二）焦虑

过度的担忧和紧张是焦虑的核心表现。焦虑的对象可能很具体，如害怕考试；也可能很广泛，如害怕社交，同时也害怕家人出意外等。焦虑通常伴随不适的身体反应，如发抖或心跳加快。儿童青少年焦虑时的认知特点是认为坏事就要发生在自己身上，而且自己应付不了。

儿童青少年还可能出现愤怒、嫉妒、烦躁及无聊等情绪。出现负面情绪是正常的，只有当其强度及持续时间超过了合理范围，并对学习和生活造成困扰时，才会成为情绪问题。

二、应对情绪问题

帮助儿童青少年应对情绪问题的关键是教会他们识别并跳出思维陷阱，并采取新的行为反应。为此，我们总结了"应对三步法"口诀：一停二想三行动，情绪缓解真好用！

第22章 认知行为疗法

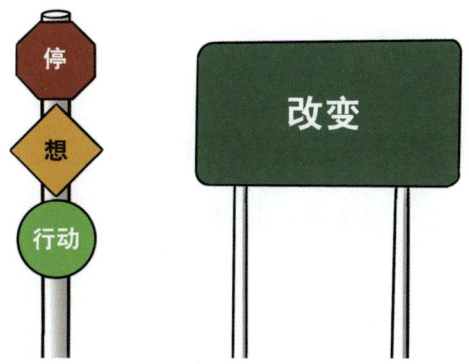

一停二想三行动，情绪缓解真好用！

第一步：停下来！

当儿童青少年情绪很强烈时，首先要做的是情绪降温。例如，帮助儿童青少年离开愤怒的情境、在脑海里想象一个巨大的红色交通灯帮助自己停下来、手握冰块 30 秒、有意放慢呼吸、拿出提前准备好的应对卡（见第三步）大声读出来等。

第二步：想想其他可能性！

待情绪降温后，可引导儿童青少年思考，情绪那么强烈是否掉入了哪个思维陷阱？下面列出的苏格拉底式提问，可帮助儿童青少年找到更现实的想法跳出思维陷阱，从而采取新行动。

情绪降温

想想其他可能性

链接场

帮助跳出思维陷阱的苏格拉底式提问

1. 支持这个想法的证据是什么？不支持这个想法的证据是什么？

2. 有没有其他的解释？

3. 我能做什么来缓解情绪？

4. 如果我的好朋友遇到同样的情况，我会怎么跟他/她说？

第三步：采取新行动！

邀请儿童青少年先写下简单的正性话语，然后给这些话语涂上颜色或配图。练习次数越多，儿童青少年越容易记住，也更容易使用它们。当儿童青少年处于强烈的情绪中、难以跳出思维陷阱时，可拿出这些提前制作好的应对卡大声读出来。

抑郁应对卡
1. 我可以做到！
2. 我只需要专注做好手头的事情！
3. 去尝试是最重要的！

焦虑应对卡
1. 没有那么可怕，我可以做到！
2. 学校是安全的，多数同学是友好的！
3. 不要想太多，去做！

愤怒应对卡
1. 停下来！找找平时喜欢的东西在哪里！
2. 我现在正在气头上，想法不一定是事实！
3. 生气的时候不动手！

应对卡示例

第四节 行为问题与应对技术

导读台

- 儿童青少年常见的行为问题有哪些？
- 哪些 CBT 技术可以帮助儿童青少年应对行为问题？
- 家长可以做什么？

知识窗

儿童青少年的行为问题可能是由多种原因引起的，需充分了解和评估后，才好对症下药地使用相应策略和方法。

一、常见行为问题

儿童青少年的行为问题通常是外化的一系列行为表现，难以一概而论。根据临床经验，将儿童青少年行为问题大致分为"做了什么"和"不做什么"两大类。

（一）"做了什么"

儿童青少年做了不该做的事情而导致的行为问题，如撒谎、容易发脾气、莽撞无礼、欺负他人、破坏物品、过度依赖家人、过度使用电子产品、自伤。

（二）"不做什么"

儿童青少年不做或没及时做该做的事情而导致的行为问题，如拖拉、不听指令、回避社交、拒学。

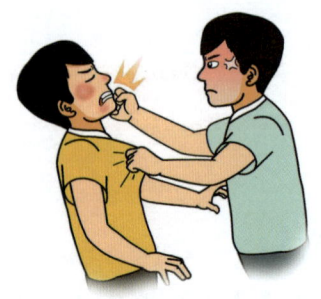

儿童青少年常见的部分行为问题

二、应对行为问题

儿童青少年的行为问题可能并不是家长导致的，但家长的改变却常常能大大改善儿童青少年的行为问题。因此，改变行为问题，最可行的方法之一是家长改变与儿童青少年的互动方式。为此，我们总结了"应对三步法"口诀：一找二用三定，行为问题都搞定！

第一步：找线索！

家长对儿童青少年的行为进行仔细观察和记录。对引发儿童青少年行为问题的线索做到心中有数，这是应对行为问题的首要步骤。

第二步：用强化！

家长可通过强化，对儿童青少年出现的良好行为进行及时肯定和奖励，增加良好行为出现的概率；同时，对儿童青少年出现的不良行为进行有意忽略和惩罚（如计时隔离或取消特权，但避免打骂），以降低不良行为出现的概率。

及时肯定和奖励

第三步：定预案！

家长识别出行为问题易出现的场合后，可制定应对预案。例如，在参加聚会前，跟儿童青少年明确聚会中哪些行为受欢迎，哪些行为被禁止，如果出现了分别会有什么后果。写下来，并进行出声思考或提前演练，会极有助于减少甚至避免行为问题出现。

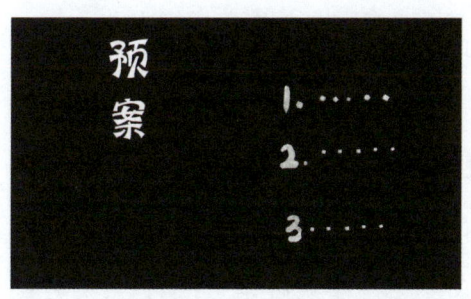

为确保上述方法有效，还需家长与儿童青少年保持良好亲子关系，平常多思考儿童青少年行为背后的需求和原因。若家长能想在儿童青少年前面，对儿童青少年的合理需求进行主动满足，便可能避免一些行为问题。这需要家长和儿童青少年都在情绪状

关注心理　阳光成长

主动满足儿童青少年的需求，制造惊喜

态不错时，家长不带任何要求地主动满足儿童青少年的需求，例如，陪儿童青少年做喜欢的事情、给予儿童青少年想要的物品，制造惊喜的感觉。

　　需要注意的是，鉴于篇幅，本章只介绍了一些干预的基本原则。如果家长使用后，儿童青少年情绪或行为问题并没有好转，建议及时带儿童青少年到正规医疗机构求助。

**链接场**

　　如果家长想进一步学习CBT和儿童青少年养育的知识，可参考《情绪彩虹书：CBT艺术疗愈完全手册》《儿童青少年认知行为疗法》等书籍。

（王建平　余萌　殷炜珍）

第 23 章　认知训练

当我们想要保持身体健康，我们需要去锻炼；对于儿童甚至成年人的大脑，也同样需要锻炼。智商、注意力、记忆力、思维敏捷性、学业成绩、艺术能力等表现往往是心理素质的体现，而心理素质的背后，是大脑认知功能在发挥作用。问题解决、记忆力、注意力等会随着儿童青少年的年龄增长发生变化，同时，配合一定的训练，可以进一步提高儿童青少年的表现。随着认知神经理论的提出与大量的实证证据，儿童青少年认知训练应运而生，这种训练究竟是"何方神圣"？其科学性与有效性究竟如何？我们又该怎样辨别和选择适合儿童青少年的认知训练呢？

第一节　认知发展与大脑的可塑性

导读台

- 儿童青少年大脑的可塑性究竟有多强？
- 儿童青少年认知能力发展与脑发育有什么联系？

知识窗

一、儿童青少年大脑的可塑性

我们经常听到这样的说法：人的大脑只开发了不到 10%，因

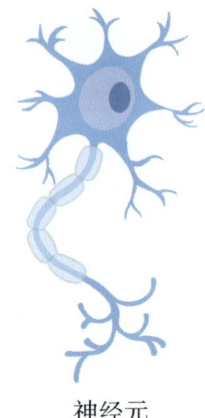

神经元

此人们对于那剩余90%的潜力都充满好奇。尽管现如今并没有客观的证据论证10%这个数字是否准确,但这个说法并非没有道理。事实上,人脑的可塑性确实超乎想象。

脑可塑性是指大脑在外界环境和经验的作用下塑造大脑结构和功能的能力,可以理解为人们通过生理成熟、学习和训练,大脑神经网络结构更加紧密有序,脑的功能得到提高。通常婴儿在刚出生后的2～3年内,大脑神经元联结冗余,但在学习训练的作用下精简,变成能够适应外界环境的神经网络,婴儿大脑的发育速度达到峰值,脑重量可以达到成人脑重量的80%。在此后的儿童期及青春期,甚至成年后,大脑仍然以一定的速度不断发生变化。

链接场

脑发育的关键期

根据2014年联合国儿童基金会国际神经科学研讨会的结论,婴儿出生后2～3年是大脑发育的高峰期,也是大脑发育的关键期。但是,大脑发育关键期因个体差异而不同。并且,现在科学界更认可的观点是:儿童青少年的大脑发育关键期并不只有一个,在3岁以后,甚至青春期以后,人的大脑都在不断发展,每一个发展阶段都应该及时关注脑健康与发育情况。

二、儿童青少年认知能力发展与大脑发育的关系

儿童高级的认知能力是在 5 岁左右开始逐渐获得的，如解决问题的能力、知觉恒常性。儿童认知能力的发展其实是可以与大脑皮质发育的先后顺序对应起来的。与视觉、听觉等基本感知觉对应的大脑皮质发育较早，而与空间导向、语言功能有关的大脑皮质发育相对较晚，最后是执行功能、注意、决策、推理等相关大脑皮质发育和成熟。在儿童青少年时期，不仅经历生理上的发育，同时随着不断学习以及经验的积累，他们的认知能力也出现了分化。

然而，儿童青少年认知能力与大脑发育的关系并不是简单的线性关系，认知能力还会受到年龄、认知调节等多种因素的共同影响。因此，家长在注重给儿童青少年提供健康的大脑自然成熟环境的同时，还要注意经验学习对大脑发育也起重要作用。

践行园

思考：儿童青少年的认知发展遵循一般规律，儿童青少年认知发展的一般规律可以参考皮亚杰的四阶段理论。但同时每个个体脑的发育也有其独特性，家长应更多留意儿童青少年的认知发展关键期。

第二节　认知训练的原理

导读台

- 什么是认知训练？

- 儿童青少年的认知训练怎样发挥作用？
- 认知训练可以训练儿童青少年的哪些方面？

知识窗

认知训练能够通过提高心理功能从而促进儿童的学业表现吗？答案是可以。正确的训练的确有一定效果。但需要注意的是，当我们停止运动一段时间后，运动能力会有所消退；同样的，认知能力并不会由于训练始终处于高水平，如果长时间不训练，认知能力也会有一定程度的消退。

一、认知训练的定义

认知训练基于心理学理论，采用认知神经科学中常用的实验范式，与游戏相结合设计成为一系列的训练项目，结合儿童青少年的认知发展特点，对他们的感知觉、注意力、记忆力、思维能力、情绪、认知灵活性六大能力进行针对性的训练。在训练过程中，会根据儿童青少年的完成情况，适时地调整任务难度，从而使儿童青少年始终在自己的极限水平反复练习，从而达到提升的目的。

认知训练

二、认知训练的原理

认知训练是否真的可以提高儿童青少年的认知水平呢？答案尚不确定。理论上讲，认知能力的发展与变化是基于儿童青少年大脑结构和功能的不断变化，无论是神经元之间联结的变化，还是神经网络的适应性改变，都可能会改变儿童青少年的某种认知能力。认知训练是基于人体的脑与神经规律，不同的脑区活动与认知功能的不同方面相对应。因此，基于神经可塑性的理论，可以利用特定的活动内容激活相应的脑区，从而提高这一认知活动的表现。

研究者通过多种方式测评认知训练的有效性，其中一个重要指标就是能否产生迁移效应，包括近迁移效应和远迁移效应。近迁移效应是指特定的训练在提升与该功能高度相关的认知功能方面的表现（如工作记忆训练提升记忆能力的表现），远迁移则是指儿童将学到的知识运用到与特定训练不同的其他情境中。其中，近迁移效应已经被证明较普遍存在于认知训练中。儿童青少年一些基本的心理能力对学业表现有着十分重要的作用，工作记忆是影响学业表现的底层心理能力之一，有一些研究证据证明了特定的训练（如工作记忆训练）可以有效提高个体的学业表现，通过记忆广度的训练，也可以提高儿童青少年的阅读成绩，甚至

儿童完成空间几何认知训练——搭积木游戏

对于有阅读障碍的成人也有效。近期的一些研究发现，使用不同工作记忆训练会产生不同的迁移效果，比如反复练习记忆一串符号，按顺序回忆会提高记忆能力，但不改善注意，而按倒序回忆却可在提高记忆能力的同时改善注意。

链接场

认知训练的内容

常见的认知训练会针对受训练者的年龄、认知水平，针对特定方面进行系统训练，但往往各个方面的训练并不单一，例如针对记忆力的训练同时也能够在一定程度上提高注意力。儿童青少年的认知训练主要能够提高六个方面的能力：感知觉、注意力、记忆力、思维能力、情绪和认知灵活性。现在常见的认知训练内容包括：模仿能力训练、观察力训练、注意力训练、执行功能训练、数字认知训练、空间几何认知训练、逻辑推理训练、决策训练、分类训练。

第三节　巧用认知训练拓展儿童青少年的大脑空间

导读台

- 什么样的儿童青少年需要进行系统的认知训练？
- 如何选择适合儿童青少年的认知训练方法？

知识窗

一、需要进行认知训练的群体

儿童青少年认知训练作为一种新兴的提高个体认知能力的干预手段，在近两年广受大众欢迎，许多主营"脑力训练"的机构也应运而生，也被许多具有认知障碍的儿童青少年的家长或想要让自己的孩子具有更突出表现的家长所选择。然而，并不是所有的儿童青少年都需要进行系统的认知训练。系统的认知训练往往针对的是在相应年龄阶段具有一定认知缺陷或障碍的儿童青少年，如孤独症、注意缺陷多动障碍（多动症）患儿。

注意缺陷多动障碍儿童的多动表现

但是，认知训练的作用也有一定的局限性。对于认知发展正常的儿童青少年，尽管认知训练对其认知能力有一定程度的提高作用，但也会受到年龄和生理水平等多种因素的局限。许多盈利机构过分夸大了认知训练的功能，甚至宣传其可以将儿童青少年培养成天才，家长需要仔细辨别，注重顺应儿童青少年的生理和心理发育规律；并且，认知训练的内容并不是都有显著效果，且持续时间也因人而异。家长们应当擦亮双眼，在关注儿童青少年脑健康的同时，谨慎选择适合儿童青少年且有足够证据支撑的认知训练方式，循序渐进地促进儿童青少年大脑与认知功能的健康发展。

链接场

执行功能中的 n-back 任务

n-back 是探究工作记忆较常用的任务。此处介绍的是最基础的一种 n-back 任务：第一个条件（0-back）中，被试只需要判断屏幕上出现的字母是不是"X"即可；第二个条件（1-back）中，被试如果看到前一个字母连续出现，则按下按钮；第三个条件（2-back）中，被试如果看到字母间隔一个重复出现，则按下按钮。

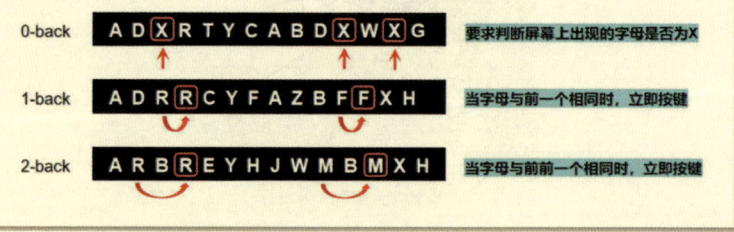

n-back 任务示意图

心理学研究者结合 293 篇文献中涉及的 299 项研究，分析了小学生执行功能与学习成绩（阅读、数学、语言）的关系，发现执行功能中的工作记忆与阅读、数学和语言学习成绩存在显著正相关关系。还有研究者通过分析 110 项研究的结果，发现了言语工作记忆、数字工作记忆和视觉空间工作记忆都与儿童的数学能力相关。

二、日常可应用的认知训练法

如果儿童青少年并不存在临床诊断的认知功能障碍或认知缺陷，那么家长可以用日常生活的认知训练小游戏代替系统的认知训练项目，也能起到一定作用。

脑成像研究表明，当人们进行默认的任务时，大脑活动会减慢，而进行新颖的任务时，大脑皮质许多区域的活动会增强。因此，在培养儿童青少年日常行为习惯的同时，可以尝试做一些打破常规的新游戏，或者时常改变一下儿童青少年行为的顺序。

还有一些日常可以运用的其他认知训练方式也有一定的效果，例如适当运动、感官联动、转换惯用手、细节观察法、讲述故事、新颖游戏法、听读结合。

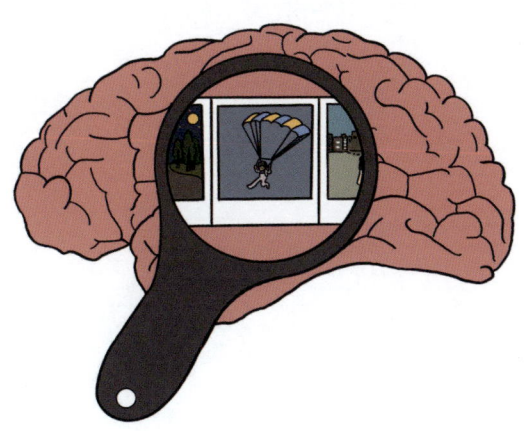

搜索细节

践行园

思考:对于家长而言,要明确儿童青少年的大脑仍处于一个对训练相对敏感的发育水平,因此把握关键期进行适当的认知训练,选择有足够科学依据的认知训练,配合合理的饮食与生活习惯,才能够保证儿童青少年脑发育的健康与认知功能的不断发展。

(李君)

参考文献

[1] 施利佩,施魏策.系统治疗与咨询教科书[M].史靖宇,赵旭东,盛晓春,译.北京:商务印书馆,2018.

[2] 费舍尔.青少年家庭治疗:发展与叙事的方法[M].姚玉红,魏珊丽,译.上海:华东师范大学出版社,2017.

[3] 巴克利,本顿.如何养育叛逆孩子:八步改善儿童行为,重建亲子依恋关系[M].邹丽娜,译.北京:中国轻工业出版社,2019.

[4] 巴洛.情绪障碍跨诊断治疗的统一方案:自助手册[M].谢秋媛,何丽,唐苏勤,译.北京:中国轻工业出版社,2013.

[5] 白丽茹.阅读障碍检测及亚类型鉴定新途径[M].天津:南开大学出版社,2017.

[6] 蒂埃里.儿童心理之谜[M].姚小菌,向隽,译.北京:人民邮电出版社,2021.

[7] 贝克.认知疗法:基础与应用:第2版[M].张怡,孙凌,王辰怡,译.北京:中国轻工业出版社,2013.

[8] 陈琛,蔡伟雄,王小平.品行障碍伴情感冷漠的临床特征[J].中国神经精神疾病杂志,2014,40(10):638-640.

[9] 程灶火.临床心理学[M].北京:人民卫生出版社,2014.

[10] 杜亚松.儿童青少年情绪障碍[M].北京:人民卫生出版社,2013.

[11] 高丹琪,刘丽."阅读脑"的认识、塑造与改善——从认知神经科学研究到教育、从实验室到教室[J].教育家,2020(20):63-65.

[12] 格斯特.情绪彩虹书:CBT艺术疗愈完全手册[M].王建平,殷炜珍,岳宗璞,译.北京:中国人民大学出版社,2021.

[13] 郭延庆.应用行为分析与儿童行为管理[M].北京:华夏出版社,2012.

[14] 郝伟，陆林.精神病学［M］.8版.北京：人民卫生出版社，2018.

[15] 黄美欢，郭岚敏，曹建国，等.欧洲儿童残疾学会发育性协调障碍国际临床实践指南（2019版）解读［J］.中华实用儿科临床杂志，2021，36（14）：1041-1048.

[16] 金星明，静进.发育与行为儿科学［M］.北京：人民卫生出版社，2014.

[17] 孔艳婷，张劲松，帅澜，等.儿童心理危机干预培训课程对提高小学生心理危机知识的作用［J］.教育生物学杂志，2014，2（1）：25-29.

[18] 李辉，季成叶，宗心南，等.中国0～18岁儿童、青少年身高、体重的标准化生长曲线［J］.中华儿科杂志，2009（7）：487-492.

[19] 李凌江，马辛.中国抑郁障碍防治指南［M］.北京：中华医学电子音像出版社，2015.

[20] 李妍.小学书写障碍学生的识别与干预——基于一则个案的分析［J］.教学月刊小学版（综合），2019（11）：51-54.

[21] 李艳玮，李燕芳.儿童青少年认知能力发展与脑发育［J］.心理科学进展，2010，18（11）：1700-1706.

[22] 梁颖.儿童发育性协调障碍的研究进展［J］.中国医刊，2019，54（8）：840-843.

[23] 林崇德.发展心理学［M］.2版.北京：人际教育出版社，2016.

[24] 林红，王成彪.呵护孩子心灵成长［M］.北京：北京大学医学出版社，2012.

[25] 刘丽，何茵.汉语发展性阅读障碍的认知神经机制研究及教育启示［J］.教育发展研究，2018，38（24）：64-72.

[26] 刘荣，李云文，周博阳.儿童书写障碍表现及干预策略研究［J］.语文建设，2021（8）：15-19.

[27] 刘铁桥，赵敏，郝伟.游戏障碍的研究现状与展望［J］.中国药物滥用防治杂志，2020，26（4）：187-197.

[28] 陆林.沈渔邨精神病学［M］.6版.北京：人民卫生出版社，2017.

[29] 雷茨拉夫.游戏空间（儿童和青少年心理问题系统治疗）［M］.余萍，李雪，洪彦，译.北京：人民邮电出版社，2021.

[30] 尼科尔斯.消失的父亲、焦虑的母亲和失控的孩子[M].王尔笙,译.北京:中国人民大学出版社,2019.

[31] 毛荣建,顾新荣.汉语发展性书写障碍研究的现状探析[J].北京联合大学学报(自然科学版),2014,28(3):89-92.

[32] 美国精神医学会.精神障碍诊断与统计手册:第5版[M].张道龙,译.北京:北京大学医学出版社,2015.

[33] 孟祥芝,周晓林,孔瑞芬.中文读写能力及其相关因素研究[J].心理科学,2002,25(5):544-547.

[34] 孟祥芝.65名儿童中文书写评估及其类型初步分析[J].中国心理卫生杂志,2004,18(12):833-836.

[35] 孟祥芝.走出迷宫:认识发展性阅读障碍[M].北京:北京大学出版社,2018.

[36] 聂晶.正念教养[M].北京:轻工业出版社,2017.

[37] 牛雅娟,杨可冰,刘艳,等.游戏障碍的诊断治疗与展望[J].中国医刊,2021,56(11):1173-1177.

[38] 钱铭怡.变态心理学[M].北京:北京大学出版社,2006.

[39] 库克 J,库克 G.儿童发展心理学[M].和静,张益菲,译.北京:中信出版社,2020.

[40] 施威茨.聪明的笨小孩:如何帮助孩子克服阅读障碍[M].刘丽,康翠萍,译.北京:北京师范大学出版社,2019.

[41] 世界卫生组织.ICD-10精神与行为障碍分类[M].北京:人民卫生出版社,1992.

[42] 迪昂.脑的阅读:破解人类阅读之谜[M].周加仙,译.北京:中信出版社,2011.

[43] 王成彪,林红.家庭心理学[M].北京:开明出版社,2012.

[44] 王梅,张海丛,毛荣建,等.PASS视角下书写困难儿童认知特点研究——来自北京4城区学校的调查[J].北京联合大学学报,2021,35(1):81-87.

[45] 王向群,王高华.中国进食障碍防治指南[M].北京:中华医学电子音像出版社,2015.

[46] 王玉凤.注意缺陷多动障碍[M].北京:北京大学医学出版社,2019.

[47] 围受孕期增补叶酸预防神经管缺陷指南工作组.围受孕期增补叶酸预防神经管缺陷指南（2017）[J].中国生育健康杂志，2017，28（5）：401-410.

[48] 吴荧，杜亚松.人际心理治疗在青少年抑郁症患者中的应用[J].上海精神医学，2007，19（6）：366-368.

[49] 西盖蒂.儿童青少年认知行为疗法[M].王建平，王珊珊，闫煜蕾，译.北京：中国轻工业出版社，2014.

[50] 许又新.精神病理学[M].2版.北京：北京大学医学出版社，2011.

[51] 闫俊.30天图解强迫症[M].北京：北京大学医学出版社，2020.

[52] 闫俊.强迫症知识问答集[M].北京：北京大学医学出版社，2015.

[53] 叶红萍，李鸣.团体人际心理治疗对住院抑郁症患者的疗效[J].中国心理卫生杂志，2006，20（8）：524-526.

[54] 佩森提尼.儿童青少年强迫症：治疗师指南[M].王玉龙，夏宇欣，译.北京：中国人民大学出版社，2010.

[55] 张劲松.临危不惧——儿童心理危机之自我应对[M].上海：复旦大学出版社，2014.

[56] 赵青，STEIN D，王振.ICD-11精神与行为障碍（草案）关于强迫及相关障碍诊断标准的进展[J].中华精神科杂志，2017，50（6）：420-424.

[57] 中国互联网络信息中心.第48次中国互联网络发展状况统计报告[R/OL].（2021-09-15）[2023-03-21].https://www3.cnnic.cn/n4/2022/0401/c88-1132.html.

[58] 中华医学会精神病学分会，中华预防医学会精神卫生分会，中国医师协会精神科医师分会，等.游戏障碍防治的专家共识（2019版）[EB/OL].[2021-05-02].http://www.nhc.gov.ck/jkj/s5889/201907/1844f291acff47efa0c6a565844be6fe.Shtml.

[59] 周建松，王小平.青少年生活技能训练[M].长沙：中南大学出版社，2021.

[60] 朱庆庆，古桂雄，花静.儿童发育性协调障碍问卷中文版的应用研究[J].中国儿童保健杂志，2015，23（12）：1260-1263.

[61] American Psychiatric Association, DSM-5 Task Force. Diagnostic and statistical manual of mental disorders: DSM-5™ [M]. 5th ed. Washington: American Psychiatric Publishing, 2013.

[62] American Psychiatric Association. Diagnostic and statistical manual of mental disorders [M]. 4th ed. Washington: American Psychiatric Publishing, 1994.

[63] AVENEVOLI S, SWENDSEN J, HE J P, et al. Major depression in the national comorbidity survey-adolescent supplement: prevalence, correlates, and treatment [J]. J Am Acad Child Adolesc Psychiatry, 2015, 54 (1): 37-44.

[64] BARAHMAND U. Arithmetic disabilities: training in attention and memory enhances arithmetic ability [J]. Res J Biol Sci, 2008, 3 (11): 1305-1312.

[65] BARBARESI W J, KATUSIC S K, COLLIGAN R C, et al. Math learning disorder: incidence in a population-based birth cohort, 1976—82, Rochester, Minn [J]. Ambul Pediatr, 2005, 5 (5): 281-289.

[66] BART O, DANIEL L, DAN O, et al. Influence of methylphenidate on motor performance and attention in children with developmental coordination disorder and attention deficit hyperactive disorder [J]. Res Dev Disabil, 2013, 34 (6): 1922-1927.

[67] BEDDINGTON J, COOPER C L, FIELD J, et al. The mental wealth of nations [J]. Nature, 2008, 455 (7216): 1057-1060.

[68] BEESDO K, KNAPPE S, PINE D S. Anxiety and anxiety disorders in children and adolescents: developmental issues and implications for DSM-V [J]. Psychiatr Clin North Am, 2009, 32 (3): 483-524.

[69] BEILOCK S L, GUNDERSON E A, RAMIREZ G, et al. Female teachers' math anxiety affects girls' math achievement [J]. Proc Natl Acad Sci U S A, 2010, 107 (5): 1860-1863.

[70] BERENT I, PLATT M. Public misconceptions about dyslexia: the role of intuitive psychology [J]. PLoS One, 2021, 16 (12): e0259019.

[71] BLACK J M, XIA Z, HOEFT F. Neurobiological bases of reading disorder Part II: the importance of developmental considerations in

typical and atypical reading [J]. Lang Linguist Compass, 2017, 11 (10): e12252.

[72] BLACK M M, et al. Iron and zinc supplementation promote motor development and exploratory behavior among Bangladeshi infants [J]. Am J Clin Nutr, 2004, 80 (4): 903-910.

[73] BLANK R, BARNETT A L, CAIRNEY J, et al. International clinical practice recommendations on the definition, diagnosis, assessment, intervention, and psychosocial aspects of developmental coordination disorder [J]. Dev Med Child Neurol, 2019, 61 (3): 242-285.

[74] BLANK R, SMITS-ENGELSMAN B, POLATAJKO H, et al. European Academy for Childhood Disability (EACD): recommendations on the definition, diagnosis and intervention of developmental coordination disorder (long version) [J]. Dev Med Child Neurol, 2012, 54 (1): 54-93.

[75] BROWN R C, PLENER P L. Non-suicidal self-injury in adolescence [J]. Curr Psychiatry Rep, 2017, 19 (3): 20.

[76] BROWN T. Movement assessment battery for children (MABC-2) [M]. 2nd ed. //Encyclopedia of autism spectrum disorders. Cham: Springer, 2021.

[77] BRUNYÉ T T, MAHONEY C R, GILES G E, et al. Learning to relax: evaluating four brief interventions for overcoming the negative emotions accompanying math anxiety [J]. Learning and Individual Differences, 2013, 27: 1-7.

[78] BUTTERWORTH B. Dyscalculia screener [M]. London: NFER-Nelson Publishing Company, 2003.

[79] CARAVALE B, HERICH L, ZOIA S, et al. Risk of Developmental Coordination Disorder in Italian very preterm children at school age compared to general population controls [J]. Eur J Paediatr Neurol, 2019, 23 (2): 296-303.

[80] CAYE A, SWANSON J M, COGHILL D, et al. Treatment strategies for ADHD: an evidence-based guide to select optimal treatment [J]. Mol Psychiatry, 2019, 24 (3): 390-408.

[81] CHANDRAN V, BERMÚDEZ M L, KOKA M, et al. Large-scale genomic study reveals robust activation of the immune system following advanced Inner Engineering meditation retreat [J]. Proc Natl Acad Sci U S A, 2021, 118（51）: e2110455118.

[82] CHENG D, MIAO X, WU H, et al. Dyscalculia and dyslexia in Chinese children with idiopathic epilepsy: different patterns of prevalence, comorbidity, and gender differences [J]. Epilepsia Open, 2022, 7（1）: 160-169.

[83] CHENG D, XIAO Q, CHEN Q, et al. Dyslexia and dyscalculia are characterized by common visual perception deficits [J]. Dev Neuropsychol, 2018, 43（6）: 497-507.

[84] CHENG D, XIAO Q, CUI J, et al. Short-term numerosity training promotes symbolic arithmetic in children with developmental dyscalculia: the mediating role of visual form perception [J]. Dev Sci, 2020, 23（4）: e12910.

[85] CHUNG P J, PATEL D R, NIZAMI I. Disorder of written expression and dysgraphia: definition, diagnosis, and management [J]. Transl Pediatr, 2020, 9（Suppl 1）: S46-S54.

[86] CITROME L. A primer on binge eating disorder diagnosis and management [J]. CNS Spectr, 2015, 20（Suppl 1）: 44-51.

[87] CORTESE S. Pharmacologic treatment of attention deficit-hyperactivity disorder [J]. N Engl J Med, 2020, 383（11）: 1050-1056.

[88] CUI Z, XIA Z, SU M, et al. Disrupted white matter connectivity underlying developmental dyslexia: a machine learning approach [J]. Hum Brain Mapp, 2016, 37（4）: 1443-1458.

[89] DE LEO D, HELLER T S. Who are the kids who self-harm? An Australian self-report school survey [J]. Med J Aust, 2004, 181（3）: 140-144.

[90] DEEB W, MALATY I A, MATHEWS C A. Tourette disorder and other tic disorders [J]. Handb Clin Neurol, 2019, 165: 123-153.

[91] DEVILBISS E A, MAGNUSSON C, GARDNER R M, et al. Antenatal nutritional supplementation and autism spectrum disorders

in the Stockholm youth cohort: population based cohort study [J]. BMJ, 2017, 359: j4273.

[92] DEVINE A, SOLTÉSZ F, NOBES A, et al. Gender differences in developmental dyscalculia depend on diagnostic criteria [J]. Learn Instr, 2013, 27: 31-39.

[93] DI FOLCO C, GUEZ A, PEYRE H, et al. Epidemiology of reading disability: a comparison of DSM-5 and ICD-11 criteria [J]. Sci Stud Read, 2021, 24 (6): 337-355.

[94] DRECHSLER R, BREM S, BRANDEIS D, et al. ADHD: current concepts and treatments in children and adolescents [J]. Neuropediatrics, 2020, 51 (5): 315-335.

[95] DU Y, KOU J, COGHILL D. The validity, reliability and normative scores of the parent, teacher and self-report versions of the strengths and difficulties questionnaire in China [J]. Child Adol Psych Men, 2008, 2: 8.

[96] FAN Y Y, LIU J, ZENG Y Y, et al. Factors associated with non-suicidal self-injury in chinese adolescents: a meta-analysis [J]. Front Psychiatry, 2021, 12: 747031.

[97] FARAONE S V, LARSSON H. Genetics of attention deficit hyperactivity disorder [J]. Mol Psychiatry, 2019, 24 (4): 562-575.

[98] FRICK P J, KEMP E C. Conduct disorders and empathy development [J]. Annu Rev Clin Psychol, 2021, 17: 391-416.

[99] GARGOT T, ASSELBORN T, PELLERIN H, et al. Acquisition of handwriting in children with and without dysgraphia: a computational approach [J]. PLoS One, 2020, 15 (9): e0237575.

[100] GARLICK D. Understanding the nature of the general factor of intelligence: the role of individual differences in neural plasticity as an explanatory mechanism [J]. Psychol Rev, 2002, 109 (1): 116-136.

[101] GERBER P J. The impact of learning disabilities on adulthood: a review of the evidenced-based literature for research and practice in adult education [J]. J Learn Disabil, 2012, 45 (1): 31-46.

[102] HAWTON K, SAUNDERS K E, O'CONNOR R C. Self-harm and suicide in adolescents [J]. Lancet, 2012, 379 (9834): 2373-2382.

[103] HIGA-MCMILLAN C K, FRANCIS S E, RITH-NAJARIAN L, et al. Evidence base update: 50 years of research on treatment for child and adolescent anxiety [J]. J Clin Child Adolesc, 2016, 45 (2): 91-113.

[104] HOROWITZ-KRAUS T, BREZNITZ Z. Can the error detection mechanism benefit from training the working memory? A comparison between dyslexics and controls—an ERP study [J]. PLoS One, 2009, 4 (9): e7141.

[105] JI Y, RAGHAVAN R, WANG X. Early Life Origins of ASD and ADHD [M]. New York: Oxford University Press, 2021.

[106] JOHNSON D, DUPUIS G, PICHE J, et al. Adult mental health outcomes of adolescent depression: a systematic review [J]. Depress Anxiety, 2018, 35: 700-716.

[107] KESSLER R C, ANGERMEYER M, ANTHONY J C, et al. Lifetime prevalence and age-of-onset distributions of mental disorders in the World Health Organization's World Mental Health Survey Initiative [J]. World Psychiatry, 2007, 6 (3): 168-176.

[108] KILROY E, CERMAK S A, AZIZ-ZADEH L. A review of functional and structural neurobiology of the action observation network in autism spectrum disorder and developmental coordination disorder [J]. Brain Sci, 2019, 9 (4): 75.

[109] KING D L, DELFABBRO P H, PERALES J C, et al. Maladaptive player-game relationships in problematic gaming and gaming disorder: a systematic review [J]. Clin Psychol Rev, 2019, 73: 101777.

[110] KOSC L. Developmental dyscalculia [J]. J Learn Disabil, 1974, 7 (3): 164-177.

[111] KOTHGASSNER O D, GOREIS A, ROBINSON K, et al. Efficacy of dialectical behavior therapy for adolescent self-harm and suicidal

ideation: a systematic review and meta-analysis [J]. Psychol Med, 2021, 51 (7): 1057-1067.

[112] KOUMOULA A, TSIRONI V, STAMOULI V, et al. An epidemiological study of number processing and mental calculation in greek schoolchildren [J]. J Learn Disabil, 2004, 37 (5): 377-388.

[113] KOČOVSKÁ E, FERNELL E, BILLSTEDT E, et al. Vitamin D and autism: clinical review [J]. Res Dev Disabil, 2012, 33 (5): 1541-1550.

[114] KUCIAN K, GROND U, ROTZER S, et al. Mental number line training in children with developmental dyscalculia [J]. Neuroimage, 2011, 57 (3): 782-795.

[115] LI F, CUI Y, LI Y, et al. Prevalence of mental disorders in school children and adolescents in China: diagnostic data from detailed clinical assessments of 17 524 individuals [J]. J Child Psychol Psychiatry, 2022, 63 (1): 34-46.

[116] LI T, CHENG D, CHEN C, et al. Altered resting-state functional connectivity in the prefrontal cortex was related to the development of dyscalculia in patients with Turner syndrome [published online ahead of print, 2023 Mar 13][J]. Psychiatry Clin Neurosci, 2023. doi: 10.1111/pcn.13543.

[117] LI Y C, WU S K, CAIRNEY J, et al. Motor coordination and health-related physical fitness of children with developmental coordination disorder: a three-year follow-up study [J]. Res Dev Disabil, 2011, 32 (6): 2993-3002.

[118] LITMANEN J, FRÖJD S, MARTTUNEN M, et al. Are eating disorders and their symptoms increasing in prevalence among adolescent population [J]. Nord J Psychiatry, 2017, 71 (1): 61-66.

[119] Gullick M, BOOTH J R. Neurocognitive basis of dyslexia in different writing systems [J/OL]. (2021-06-30)[2023-07-01]. https://doi.org/10.31234/osf.io/ykptc.

[120] LIU L, TAO R, WANG W, et al. Chinese dyslexics show neural

differences in morphological processing [J]. Dev Cogn Neurosci, 2013, 6: 40-50.

[121] LIU L, WANG W, YOU W, et al. Similar alterations in brain function for phonological and semantic processing to visual characters in Chinese dyslexia [J]. Neuropsychologia, 2012, 50(9): 2224-2232.

[122] LIU S, LI Y, CUI Y. Review of habit reversal training for tic disorders [J]. Pediatr Investig, 2020, 4(2): 127-132.

[123] LONG J, LIU T Q, LIU Y H, et al. Prevalence and correlates of problematic online gaming: a systematic review of the evidence published in Chinese [J]. Current Addiction Reports, 2018, 5: 359-371.

[124] LOOSLI S V, BUSCHKUEHL M, PERRIG W J, et al. Working memory training improves reading processes in typically developing children [J]. Child Neuropsychol, 2012, 18(1): 62-78.

[125] LU Y J, MA M, CHEN G Z, et al. Can abacus course eradicate developmental dyscalculia [J]. Psychol Sch, 2020, 58(2): 235-251.

[126] LYONS I M, BEILOCK S L. When math hurts: math anxiety predicts pain network activation in anticipation of doing math [J]. PLoS One, 2012, 7(10): e48076.

[127] MADGE N, HEWITT A, HAWTON K, et al. Deliberate self-harm within an international community sample of young people: comparative findings from the Child & Adolescent Self-harm in Europe(CASE)Study[J]. J Child Psychol Psychiatry, 2008, 49(6): 667-677.

[128] MALHI G S, MANN J J. Depression [J]. Lancet, 2018, 392(10161): 2299-2312.

[129] MALONEY E A, RAMIREZ G, GUNDERSON E A, et al. Intergenerational effects of parents' math anxiety on children's math achievement and anxiety [J]. Psychol Sci, 2015, 26(9): 1480-1488.

[130] MARKS A. The evolution of our understanding and treatment of eating disorders over the past 50 years [J]. J Clin Psychol, 2019, 75(8): 1380-1391.

[131] MCBRIDE C, WANG Y, CHEANG L M. Dyslexia in Chinese [J]. Curr Dev Disord Rep, 2018, 5: 217-225.

[132] MCBRIDE, C A. Is Chinese special? Four aspects of Chinese literacy acquisition that might distinguish learning Chinese from learning alphabetic orthographies [J]. Educ Psychol Rev, 2016, 28(3): 523-549.

[133] MCCAFFREY S, REITMAN D, BLACK R. Mindfulness In Parenting Questionnaire (MIPQ): development and validation of a measure of mindful parenting [J]. Mindfulness, 2017, 8: 232-246.

[134] MILLER L, CAMPO J V. Depression in adolescents [J]. N Engl J Med, 2021, 385(5): 445-449.

[135] MORAND-BEAULIEU S, LECLERC J B. Tourette syndrome: research challenges to improve clinical practice [J]. Encephale, 2020, 46(2): 146-152.

[136] MOROCZ I A, GROSS-TSUR V, VON ASTER M, et al. Functional magnetic resonance imaging in dyscalculia: preliminary observations [J]. Annals of neurology, 2003, 54: S145-S145.

[137] MORSANYI K, VAN BERS B M C W, MCCORMACK T, et al. The prevalence of specific learning disorder in mathematics and comorbidity with other developmental disorders in primary school-age children [J]. Br J Psychol, 2018, 109(4): 917-940.

[138] MUEHLENKAMP J J, CLAES L, HAVERTAPE L, et al. International prevalence of adolescent non-suicidal self-injury and deliberate self-harm [J]. Child Adolesc Psychiatry Ment Health, 2012, 6: 10.

[139] MUFSON L. Interpersonal psychotherapy for depressed adolescents [M]. 2nd ed. New York: The Guilford Press, 2004.

[140] MURRAY S B, QUINTANA D S, LOEB K L, et al. Treatment outcomes for anorexia nervosa: a systematic review and meta-analysis of randomized controlled trials [published correction

appears in Psychol Med, 2019, 49（4）: 701-704］[J]. Psychol Med, 2019, 49（4）: 535-544.

[141] NIHALANI N, SIMIONESCU M, DUNLOP B W. Depression: phenomenology, epidemiology, and pathophysiology [M] // Depression: treatment strategies and management. Florida: CRC Press, 2016.

[142] NOCK M K, PRINSTEIN M J. A functional approach to the assessment of self-mutilative behavior[J]. J Consult Clin Psychol, 2004, 72(5): 885-890.

[143] PARK D, RAMIREZ G, BEILOCK S L. The role of expressive writing in math anxiety [J]. J Exp Psychol Appl, 2014, 20（2）: 103-111.

[144] PATRICK R P, AMES B N. Vitamin D hormone regulates serotonin synthesis. Part 1: relevance for autism [J]. FASEB J, 2014, 28（6）: 2398-2413.

[145] PENG P, CONGYING S, BEILEI L, et al. Phonological storage and executive function deficits in children with mathematics difficulties [J]. J Exp Child Psychol, 2012, 112（4）: 452-466.

[146] PENG P, NAMKUNG J, BARNES M, et al. A meta-analysis of mathematics and working memory: moderating effects of working memory domain, type of mathematics skill, and sample characteristics [J]. J Educ Psychol, 2016, 108（4）: 455-473.

[147] PERFETTI C, PUGH K, VERHOEVEN L. Developmental dyslexia across languages and writing systems: the big picture [M]. Cambridge: Cambridge University Press, 2019.

[148] PETERSON R L, PENNINGTON B F. Developmental dyslexia [J]. Annu Rev Clin Psychol, 2015, 11: 283-307.

[149] PETRY N M, ZAJAC K, GINLEY M K. Behavioral addictions as mental disorders: to be or not to be [J]. Annu Rev Clin Psychol, 2018, 14: 399-423.

[150] PIZZIE R G, RAMAN N, KRAEMER D J M. Math anxiety and executive function: neural influences of task switching on arithmetic

processing [J]. Cogn Affect Behav Neurosci, 2020, 20 (2): 309-325.

[151] PLENER P L, SCHUMACHER T S, MUNZ L M, et al. The longitudinal course of non-suicidal self-injury and deliberate self-harm: a systematic review of the literature [J]. Borderline Personal Disord Emot Dysregul, 2015, 2: 2.

[152] POLANCZYK G V, SALUM G A. Annual research review: a meta-analysis of the worldwide prevalence of mental disorders in children and adolescents [J]. J Child Psychol Psychiatry, 2015, 56 (3): 345-365.

[153] POSNER J, POLANCZYK G V, SONUGA-BARKE E. Attention-deficit hyperactivity disorder [J]. Lancet, 2020, 395 (10222): 450-462.

[154] PRESTON N, MAGALLÓN S, HILL L J, et al. A systematic review of high quality randomized controlled trials investigating motor skill programmes for children with developmental coordination disorder [J]. Clin Rehabil, 2017, 31 (7): 857-870.

[155] PRUNTY M, BARNETT A L, WILMUT K, et al. Visual perceptual and handwriting skills in children with Developmental Coordination Disorder [J]. Hum Mov Sci, 2016, 49: 54-65.

[156] RAGHAVAN R, RILEY A W, VOLK H, et al. Maternal multivitamin intake, plasma folate and vitamin B_{12} levels and autism spectrum disorder risk in offspring [J]. Paediatr Perinat Epidemiol, 2018. 32 (1): 100-111.

[157] RAMIREZ G, BEILOCK S L. Writing about testing worries boosts exam performance in the classroom [published correction appears in Science, 2014, 344 (6180): 151] [J]. Science, 2011, 331 (6014): 211-213.

[158] RICHARDSON F C, SUINN R M. The mathematics anxiety rating scale: psychometric data [J]. J Couns Psychol, 1972, 19 (6): 551-554.

[159] SAUL J S, RODGERS R F. Adolescent eating disorder risk and the

online world [J]. Child AdolescPsychiatr Clin N Am, 2018, 27 (2): 221-228.

[160] SCHRAMM E, KLEIN D N, ELSAESSER M, et al. Review of dysthymia and persistent depressive disorder: history, correlates, and clinical implications [J]. Lancet Psychiatry, 2020, 7 (9): 801-812.

[161] SHALEV R S, GROSS-TSUR V. Developmental dyscalculia [J]. Pediatr Neurol, 2001, 24 (5): 337-342.

[162] SHALEV R S, MANOR O, KEREM B, et al. Developmental dyscalculia is a familial learning disability [J]. J Learn Disabil, 2001, 34 (1): 59-65.

[163] SHALEV R S. Developmental dyscalculia [J]. J Child Neurol, 2004, 19 (10): 765-771.

[164] SHAYWITZ S E, MORRIS R, SHAYWITZ B A. The education of dyslexic children from childhood to young adulthood [J]. Annu Rev Psychol, 2008, 59: 451-475.

[165] SIOK W T, NIU Z, JIN Z, et al. A structural-functional basis for dyslexia in the cortex of Chinese readers [J]. Proc Natl Acad Sci U S A, 2008, 105 (14): 5561-5566.

[166] SIOK W T, PERFETTI C A, JIN Z, et al. Biological abnormality of impaired reading is constrained by culture [J]. Nature, 2004, 431 (7004): 71-76.

[167] SIOK W T, SPINKS J A, JIN Z, et al. Developmental dyslexia is characterized by the co-existence of visuospatial and phonological disorders in Chinese children [J]. Curr Biol, 2009, 19 (19): R890-R892.

[168] SMITS-ENGELSMAN B C, BLANK R, VAN DER KAAY A C, et al. Efficacy of interventions to improve motor performance in children with developmental coordination disorder: a combined systematic review and meta-analysis [J]. Dev Med Child Neurol, 2013, 55 (3): 229-237.

[169] SPIEGEL J A, GOODRICH J M, MORRIS B M, et al. Relations

between executive functions and academic outcomes in elementary school children: a meta-analysis [J]. Psychol Bull, 2021, 147 (4): 329-351.

[170] STANBURY J B. The damaged brain of iodine deficiency: cognitive, behavioral, neuromotor, educative aspects [M]. New York: Cognizant Communication Corporation, 1994.

[171] STEINHAUSEN H C, JENSEN C M. Time trends in lifetime incidence rates of first-time diagnosed anorexia nervosa and bulimia nervosa across 16 years in a Danish nationwide psychiatric registry study [J]. Int J Eat Disord, 2015, 48 (7): 845-850.

[172] STIEDE J T, WOODS D W. Pediatric prevention: tic disorders [J]. Pediatr Clin North Am, 2020, 67 (3): 547-557.

[173] THAPAR A, COOPER M. Attention deficit hyperactivity disorder [J]. Lancet, 2016, 387 (10024): 1240-1250.

[174] TREASURE J, DUARTE T A, SCHMIDT U. Eating disorders [J]. Lancet, 2020, 395 (10227): 899-911.

[175] UEDA K, BLACK K J. A comprehensive review of tic disorders in children [J]. J Clin Med, 2021, 10 (11): 2479.

[176] VON ASTER M G, SHALEV R S. Number development and developmental dyscalculia [J]. Dev Med Child Neurol, 2007, 49 (11): 868-873.

[177] WALKER S P, WACHS T D, GARDNER J M, et al. Child development: risk factors for adverse outcomes in developing countries [J]. Lancet, 2007, 369 (9556): 145-157.

[178] WEERSING V R, JEFFREYS M, DO M C T, et al. Evidence base update of psychosocial treatments for child and adolescent depression [J]. J Clin Child Adolesc Psychol, 2017, 46: 11-43.

[179] WEINBERGER A H, GBEDEMAH M, MARTINEZ A M, et al. Trends in depression prevalence in the USA from 2005 to 2015: widening disparities in vulnerable groups [J]. Psychol Med, 2018, 48: 1308-1315.

[180] WHITEFORD H A, DEGENHARDT L, REHM J, et al. Global

burden of disease attributable to mental and substance use disorders: findings from the Global Burden of Disease Study 2010［J］. Lancet, 2013, 382 (9904): 1575-1586.
［181］WOLGENSINGER L. Cognitive behavioral group therapy for anxiety: recent developments［J］. Dialogues Clin Neurosci, 2015, 17 (3): 347-351.
［182］WU S K, LIN H H, LI Y C, et al. Cardiopulmonary fitness and endurance in children with developmental coordination disorder［J］. Res Dev Disabil, 2010, 31 (2): 345-349.
［183］XIA Z, HANCOCK R, HOEFT F. Neurobiological bases of reading disorder Part I: etiological investigations［J］. Lang Linguist Compass, 2017, 11 (4): e12239.
［184］XIA Z, HOEFT F, ZHANG L, et al. Neuroanatomical anomalies of dyslexia: disambiguating the effects of disorder, performance, and maturation［J］. Neuropsychologia, 2016, 81: 68-78.
［185］YAN X, JIANG K, LI H, et al. Convergent and divergent brain structural and functional abnormalities associated with developmental dyslexia［J］. Elife, 2021, 10: e69523.
［186］YANG L, LI C, LI X, et al. Prevalence of developmental dyslexia in primary school children: a systematic review and meta-analysis ［J］. Brain Sci, 2022, 12 (2): 240.
［187］YOUNG C B, WU S S, MENON V. The neurodevelopmental basis of math anxiety［J］. Psychol Sci, 2012, 23 (5): 492-501.
［188］ZALSMAN G, SHILTON T. Adult ADHD: a new disease［J］. Int J Psychiatry Clin Pract, 2016, 20 (2): 70-76.
［189］ZONG X, LI H, ZHANG Y, WU H. Weight-for-length/height growth curves for children and adolescents in China in comparison with body mass index in prevalence estimates of malnutrition［J］. Ann Hum Biol, 2017, 44 (3): 214-222.